保育の内容・方法を知る

◆編集委員◆民秋 言・小田 豊・栃尾 勲・無藤 隆

新 保育
ライブラリ

保育相談支援

福丸由佳・安藤智子・無藤 隆 編著

北大路書房

付録資料

I.「障害者自立支援法等の一部改正に伴う児童福祉法の一部改正」について
　　　　　　　　　　　　　　　　　　　　　　　　　　　　　　　2
II.「障害者総合支援法」について　　　　　　　　　　　　　　　4
III.「子ども・子育て関連3法」について　　　　　　　　　　　　9

北大路書房

Ⅰ.「障害者自立支援法等の一部改正に伴う児童福祉法の一部改正」について

1. 改正児童福祉法の背景

　2010(平成22)年の「障害者自立支援法等の一部改正に伴う児童福祉法の一部改正」(以下,「改正児童福祉法」とする)は,2012(平成24)年4月から施行されている。これは,同じく2010(平成22)年の「障がい者制度改革推進本部等における検討を踏まえて障害保健福祉施策を見直すまでの間において障害者等の地域生活を支援するための関係法律の整備に関する法律」の成立に伴い必要となる,児童福祉分野の改正であり,これにより,児童福祉法の一部とくに障害児福祉サービスに関する部分が改正された。なお,「障害者自立支援法」は,2013(平成25)年4月より,「障害者総合支援法」となる(Ⅱ参照)。

　改正児童福祉法のねらいは,障害児支援の強化である。そのため,改正前は障害の種類別に分類されていた障害児施設・事業を再編し,重複障害への対応を含めた(障害を持つ子どもが身近な地域でサービスを受けられるといった)利便性の向上のために,入所サービスとしての「障害児入所支援」と,通所サービスとしての「障害児通所支援」に,それぞれ一元化された。障害児入所支援は,「障害児入所施設」等によって実施され,障害児通所支援は,「児童発達支援センター」等によって実施される。

　その結果,児童福祉施設は,改正前の14施設から11施設へと変更された。また,障害児の通所サービスにおいては,その実施主体が,改正前の都道府県から市町村へ移行し,基礎自治体ごとに把握される,より身近な地域での利用システムとなった。

　これらに関連して,2011(平成23)年10月には,「児童福祉施設最低基準」が,「児童福祉施設の設備及び運営に関する基準」に題名改正され,2012(平成23)年4月より施行されている。

2. 改正児童福祉法のポイント

(1) 障害児の定義

　改正児童福祉法において,「障害児」とは,改正前の定義すなわち「身体に障害のある児童又は知的障害のある児童」に加えて,「精神の障害のある児童(発達障害者支援法第2条第2項に規定する発達障害児を含む)」が,その定義に加えられ,児童福祉法における障害児の定義の拡大が図られた。

(2) 障害児に関する児童福祉施設の再編

　児童福祉法には,児童福祉施設の種類が規定されているが,改正前の14種類から改正児童福祉法により11種類に改正された。これは,障害児に関する児童福祉施設が再編されたもので,改正前の規定のうち,障害児にかかわる5施設すなわち,知的障害児施設,

改正前の施設種別 (14)	改正後の施設種別 (11)
授産施設	授産施設
乳児院	乳児院
母子生活支援施設	母子生活支援施設
保育所	保育所
児童厚生施設（児童遊園，児童館等）	児童厚生施設（児童遊園，児童館等）
児童養護施設	児童養護施設
知的障害児通園施設	児童発達支援センター（福祉型児童発達支援センター）
知的障害児施設	障害児入所施設（福祉型障害児入所施設）
盲ろうあ児施設	
肢体不自由児施設	障害児入所施設（医療型障害児入所施設）※
重症心身障害児施設	
情緒障害児短期治療施設	情緒障害児短期治療施設
児童自立支援施設	児童自立支援施設
児童家庭支援センター	児童家庭支援センター

※肢体不自由児通園施設は，原則として，児童発達支援センター（医療型児童発達支援センター）に移行

図1　児童福祉施設の再編

　知的障害児通園施設，盲ろうあ児施設，肢体不自由児施設，重症心身障害児施設を改正し，①入所施設としての「障害児入所施設」と，②通所施設としての「児童発達支援センター」の2施設に再編した。

　さらに，「障害児入所施設」は「福祉型障害児入所施設」と「医療型障害児入所施設」に区分され，「児童発達支援センター」は，「福祉型児童発達支援センター」と「医療型児童発達支援センター」に区分される。

　「福祉型障害児入所施設」とは，保護，日常生活の指導及び独立自活に必要な知識技能の付与を提供するサービスであり，「医療型障害児入所施設」とは，これらに加えて治療を提供するサービスのことをいう。また，「福祉型児童発達支援センター」とは，日常生活における基本的動作の指導，独立自活に必要な知識技能の付与又は集団生活への適応のための訓練を提供するサービスであり，「医療型児童発達支援センター」とは，これらに加えて治療を提供するサービスのことをいう。

　つまり，障害児に関する児童福祉サービスは，治療の提供の有無により「福祉型」もしくは「医療型」のいずれかに区分されることになる。

　利用においては，都道府県から入所給付決定保護者に対して「障害児入所給付費」が支給され，利用者負担については，自分が受けた利益に応じたものを負担する「応益負担」から所得に応じて対価を支払う「応能負担」へと変更された。

（3）障害児通所支援等の創設

　障害児の通所サービスにおいては，その実施主体が，改正前の都道府県から，市長村が実施する障害児通所支援として位置付けられ，①「児童発達支援」（福祉型児童発達支援

センター，児童発達支援事業）と②「医療型児童発達支援」（医療型児童発達支援センター，指定医療機関）のほかに，授業の終了後や休業日に通う③「放課後等デイサービス」と，集団生活への適応のための専門的な支援を実施する④「保育所等訪問支援」が創設された。

利用においては，市町村から通所給付決定保護者に対して「障害児通所給付費」が支給される。

その他，地域レベルの相談支援体制の強化を図るために，「障害児相談支援」が別途創設され，利用者に身近な地域におけるサービスとして「障害児支援利用援助」及び「継続障害児支援利用援助」が実施される。これらを行う事業を「障害児相談支援事業」という。

3．保育現場に与える影響

児童福祉分野における障害児の定義の拡大にともない，保育現場においても保育士が対応すべき児童（障害児）の対象が拡大することになる。保育士は，身体障害のある児童又は知的障害のある児童に関する知識技術に加えて，「精神の障害のある児童（発達障害のある児童含む）に関する知識技術の向上に努めなければならないだろう。

また，障害の種類別に分類されていた障害児施設・事業を一元的に再編したことによる利用内容のわかりにくさを避けるために，障害の特性に応じてサービスを提供することになっている。重複障害への対応を含めた利便性の向上を期待しながらも，現場においては，より的確に障害の特性を踏まえたサービス提供が求められることになる。

障害児の通所サービスにおいては，市町村の実施となるため，同じく市長村が実施する保育所や放課後児童クラブ等との連携が基礎自治体レベルで促進されるのではないかと考えられる。

（新潟県立大学・植木信一）

Ⅱ．「障害者総合支援法」について

1．「障害者総合支援法」にいたるまでの背景

わが国の社会福祉は，2000（平成12）年以降に始まった，社会福祉基礎構造改革によって大きく転換が図られることになる。その最初が，社会福祉の増進のための社会福祉事業法（現社会福祉法）等の一部改正である。この法律の改正にあわせて，障がいのある人への福祉では，「支援費制度」が始まる。身体障がいのある人や知的障がいのある人の福祉サービスは，行政が福祉サービスの内容を決定する措置制度から，障がいのある人自らが福祉サービスを選択し，事業者と対等な立場に基づき，契約により福祉サービスを利用

する支援費制度に転換が図られる。この制度の導入は，これまで眠っていた障がいのある人の福祉ニーズを掘り起こすとともに，福祉サービスを利用するにあたって，自己決定や利用者本位といった考え方を根づかせることにつながる。その一方で，福祉サービス利用の増加に財政が対応できない状況や，自治体間で支給決定のルールが違うためにサービス提供に差異が生じたり，精神障がいのある人が制度の対象外であったりするなど地域や障がい種別によって福祉サービス利用や内容に差が生じるなどの問題が生じる。

こうした制度の問題点を解消するため，2005（平成17）年10月，「障害者自立支援法」が成立し，2006（平成18）年4月より段階的に施行される。障害者自立支援法は，精神障がいのある人を制度の対象とするとともに，障がい種別によって異なっていた福祉サービスを一元化する。また，基本的な福祉サービス提供を市町村に一元化するとともに，福祉サービス提供のルールを明確にする。その一方で，福祉サービスを利用した際の利用者負担が，利用者の所得に応じて費用を負担する応能負担の仕組みから，利用者も福祉サービスの利用量と所得に応じて負担（原則1割負担）が求められる応益負担の仕組みに変更される。この仕組みでは，福祉サービスの利用量が多くなる障がいの重い人ほど負担が大きくなるために，福祉サービスの利用を控えたり，施設から退所したりしなければならない状況が生じ，問題となる。

このような問題を生み出した障害者自立支援法は違憲であるとして，障がいのある人や関係者によって，国を相手に各地で訴訟が起こされる。2009（平成21）年9月，民主党への政権交代を機に，当時の長妻昭厚生労働大臣が障害者自立支援法の廃止を明言する。2010（平成22）年1月，訴訟の原告・弁護団と国との間で障害者自立支援法を廃止し，新しい福祉制度を作ることで合意し，和解が成立する。基本合意文書の中で，国は，障害者自立支援により，障がいのある人の人間としての尊厳を傷つけたことに対し反省の意を表明し，2013（平成25）年までに新たな福祉法を制定することが明記される。

このような動きのなか，2009（平成21）年12月，「障がい者制度改革推進本部」が閣議決定により発足する。同本部のもと，①障害者基本法の抜本改正，②障害者総合福祉法（仮称）の制定，③障害を理由とする差別の禁止に関する法制の制定を3本柱として，施策の推進にかかわる事項について意見を求めるため，障がいのある人や学識経験者などからなる「障がい者制度改革推進会議」が設置される。この会議のもと，2010（平成22）4月には，「障がい者制度改革推進会議総合福祉部会」が設置され，「障害者総合福祉法（仮称）」の制定に向けての議論が行われることになる。さらに，同年11月には，「障がい者制度改革推進会議差別禁止部会」が設置され，障害を理由とする差別の禁止に関する法制の制定に向けた検討が行われることになる。なお，「障がい者制度改革推進会議」および「障がい者制度改革推進会議総合福祉部会」は，2012（平成24）年7月に廃止されている。

障害者総合福祉法（仮称）が制定されるまでの対応として，2010（平成22）年12月，障害者自立支援法の一部改正法である「障がい者制度改革推進本部等における検討を踏まえて障害保健福祉施策を見直すまでの間において障害者等の地域生活を支援するための関係法律の整備に関する法律」が成立する。この法律によって，利用者負担は原則として応能負担であること，同法の対象として「発達障害」を含むこと，相談支援の充実，障がいのある子どもに対する支援の強化，グループホーム・ケアホーム利用の際の居住費助成などが明記される。この改正にあわせて改正された児童福祉法においても，児童福祉法の対象に「発達障害」が含まれることになる。また，2011（平成23）年6月には，「障害者虐待の防止，障害者の養護者に対する支援等に関する法律（障害者虐待防止法）」が成立し，2012（平成24）年10月から施行される。

　これらの法律の整備が急がれる背景には，2006（平成16）年12月，国連総会で採択され，2008（平成20）年5月に発効した「障がいのある人の権利に関する条約（障害者権利条約）」への批准が急がれるからでもある。わが国は，2007（平成19）年9月28日に，当時の高村正彦外務大臣が，条約に署名をしたものの，批准にいたっていない状況が続いている。

２．改正障害者基本法，障害者総合支援法の成立

　障がい者制度改革推進会議は，2010（平成22）年6月，第一次意見，同年12月に第二次意見を取りまとめる。これを受け，政府は，「障害者基本法」の改正案を2011（平成23）年4月に国会に提出する。改正案は，同年7月に可決，成立し，翌月に公布，施行される。改正された障害者基本法は，第1条で「全ての国民が，障害の有無にかかわらず，等しく基本的人権を享有するかけがえのない個人として尊重されるものであるとの理念にのつとり，全ての国民が，障害の有無によつて分け隔てられることなく，相互に人格と個性を尊重し合いながら共生する社会を実現する」ことを，法の目的として述べている。そのうえで，第2条の定義において，「障害者」とは，「身体障害，知的障害，精神障害（発達障害を含む。）その他の心身の機能の障害（以下「障害」と総称する。）がある者であつて，障害及び社会的障壁により継続的に日常生活又は社会生活に相当な制限を受ける状態にあるものをいう」と述べ，社会的障壁による「障害」を規定している。さらに，差別禁止条項に「合理的配慮を行わないことは差別になる」という考え方が盛り込まれており，「障害」の社会的意味を強調した内容となっている。ここでいう，「合理的配慮」とは，障がいのある人が他の者と平等な機会を享受することができるよう必要に応じて現状を変更することをいう。

　障がい者制度改革推進会議総合福祉部会は，2011（平成23）年8月，障害者総合福祉法（仮称）の骨格に関する提言を行う。政府は，この提言を受けて，2012（平成24）年3月，「地域社会における共生の実現に向けて新たな障害保健福祉施策を講ずるための関係

法律の整備に関する法律（障害者総合支援法）案」を国会に提出する。法案は，同年6月に可決，成立し，同月27日に公布される。一部を除き，2013（平成25）年4月から施行されることになる。

　成立した「障害者総合支援法」は，改正障害者基本法の目的や基本原則を基本理念として規定している。具体的には，第1条の2において，「障害者及び障害児が日常生活又は社会生活を営むための支援は，全ての国民が，障害の有無にかかわらず，等しく基本的人権を享有するかけがえのない個人として尊重されるものであるとの理念にのっとり，全ての国民が，障害の有無によって分け隔てられることなく，相互に人格と個性を尊重し合いながら共生する社会を実現するため，全ての障害者及び障害児が可能な限りその身近な場所において必要な日常生活又は社会生活を営むための支援を受けられることにより社会参加の機会が確保されること及びどこで誰と生活するかについての選択の機会が確保され，地域社会において他の人々と共生することを妨げられないこと並びに障害者及び障害児にとって日常生活又は社会生活を営む上で障壁となるような社会における事物，制度，慣行，観念その他一切のものの除去に資することを旨として，総合的かつ計画的に行わなければならない」と，述べている。そのうえで，主な内容として，次の点が含まれる。①障害者の範囲に難病等を加え，福祉サービスなどの対象とする。②「障害程度区分」を「障害支援区分」に改め，その定義を「障害者等の障害の多様な特性その他の心身の状態に応じて必要とされる標準的な支援の度合いを総合的に示すものとして厚生労働省令で定める区分」とする。③重度訪問介護の対象者を，「重度の肢体不自由者その他の障害者であって常時介護を要するものとして厚生労働省令で定めるもの」とし，厚生労働省令において，重度の知的障がいのある人，精神障がいのある人に対象を拡大する。④共同生活を行う住居でのケアが柔軟に行えるよう，共同生活介護（ケアホーム）を共同生活援助（グループホーム）に統合する。

　しかし，この法律については，厚生労働省が原案を示した時点から，当事者や関係団体から批判が出されているのも事実である。その批判とは，違憲訴訟団との基本合意で，「障害者自立支援法を廃止して新法を制定する」として和解したにもかかわらず，実体は障害者自立支援法の一部改正案に過ぎないのではないか，あるいは，障がい者制度改革推進会議総合福祉部会がまとめた新法の骨格提言が十分に反映されていない，という批判である。

3．成立した法律にみられる障がいのある子どもへの支援

　2010（平成22）年12月に成立した障害者自立支援法の一部改正法では，2012（平成24）年4月1日から，障がいのある子どもに対する支援の強化が打ち出される。障がいのある子どもを対象とした施設・事業などのサービスは，施設入所などは児童福祉法，児童

デイサービスなどの事業関係は障害者自立支援法，重症心身障害児（者）通園事業は予算事業として実施されてきたが，児童福祉法に根拠規定が一本化され，種別で分かれていた障害児施設は，通所による支援，入所による支援に体系が再編される。また，学齢児を対象としたサービス（放課後等デイサービス）が創設され，放課後支援が充実されるとともに，障がいがあっても保育所などの利用ができるよう，訪問サービス（保育所等訪問支援）が創設される。

障がいのある子どもに対する支援について，改正された障害者基本法では，第17条に療育が新設される。その条文で，「国及び地方公共団体は，障害者である子どもが可能な限りその身近な場所において療育その他これに関連する支援を受けられるよう必要な施策を講じなければならない」と，述べている。さらに，こうした療育にかかわる専門家の養成についても規定され，「国及び地方公共団体は，療育に関し，研究，開発及び普及の促進，専門的知識又は技能を有する職員の育成その他の環境の整備を促進しなければならない」と，述べている。また，改正された障害者基本法では，障がいのある人への支援を表す言葉である「合理的配慮」が用いられている。障がいのある人への支援は，多くの場合，「特別」なものとしてとらえられがちであるが，「合理的」であるということは，「理にかなった」「もっともな」「正当な」ものであるという考え方である。保育においても，障がいのある子どもが，そうではない子どもと，できる限り同じ場で生活するためには，どのような「合理的配慮」が必要となるのか，今まで以上に考えていくことが必要となる。

障害者総合支援法の成立によって，児童福祉法などの法律の改正も行われる。改正された児童福祉法についてみると，第4条において，障がいのある児童の範囲に「治療方法が確立していない疾病その他の特殊な疾病」がある児童が含まれるようになる。また，障がいのある子どもや保護者への支援について，第21条の5の17にみられるように，「障害児及びその保護者の意思をできる限り尊重する」とともに「常に障害児及びその保護者の立場に立って」行うよう，述べている。

障がいのある人の福祉や「障害」に対する考え方は，近年，大きく変わってきている。それは，保護される存在という認識から，権利の主体として，障がいの有無によって分け隔てられることなく，相互に人格と個性を尊重し合いながら，社会に参加し，自らが生活する場を選択し，地域社会において他の人々と同じように生活をしていく個人であるという認識への変換である。その際，「社会的障壁」が，個人の生活を妨げ，「障害」を生み出す原因となるからこそ社会的障壁の解消につながる「合理的配慮」が必要であると言える。その際，「社会的障壁」を生み出すもっとも大きな要因が，私たちの「意識」であることを，これらの法律が作られていく過程を通して学んでいくことが肝要である。

(広島文教女子大学・李木明徳)

Ⅲ.「子ども・子育て関連3法」について

1. 新システムの背景

　2012（平成 24）年8月に，子ども・子育てに関する3つの関連法が成立・公布された。この3つの関連法とは，①子ども・子育て支援法，②就学前の子どもに関する教育，保育等の総合的な提供の推進に関する法律の一部を改正する法律（認定こども園法の一部を改正する法律），③子ども・子育て支援法及び就学前の子どもに関する教育，保育の総合的な提供の推進に関する法律の一部を改正する法律の施行に伴う関係法律の整備等に関する法律，の3つをいう。これをもって，いわゆる子ども・子育ての新システム（以下，「新システム」とする）をめぐる国の制度設計が，ほぼ完了する。なお，内容により順次施行されることになっているが，本格的な施行は，2015（平成 27）年度（消費税増税のタイミング）となっている。

　新システムによって，新たに「教育・保育施設」という定義が加えられる。これは，認定こども園，幼稚園および保育所の異なる3施設を一元的に取り扱うしくみとして追加されたものである。このほか，家庭的保育事業と小規模保育事業，居宅訪問型保育事業および事業所内保育事業（いずれも児童福祉法）を実施する「地域型保育（事業）」が定義され，給付システムも一元化されるなど，いわゆる居宅型サービスが，施設型サービスと同等に扱われるようになる。

　なお，内閣府に特命大臣が置かれ，子ども・子育て支援法および認定こども園法を所管する内閣府の子ども・子育て本部によって，児童福祉体系（厚生労働省）や学校教育体系（文部科学省）との総合調整や連携が実施されることになっている。しかしこれらのしくみは，既存の児童福祉体系や学校教育（幼児教育）体系が残ることを意味する。つまり，この新システムによって，完全な一元化は実現せず，むしろ多様な子ども・子育て支援システムが用意される結果となる。

2. 新システムのポイント
（1）既存の認定こども園制度の改正

　これまでの認定こども園のしくみすなわち，幼保連携型，幼稚園型，保育所型，地方裁量型の4類型を基本的に維持しながら，このうち幼保連携型のみを「学校及び児童福祉施設として法的位置づけ」を持つ単一の施設として位置づけなおすことになる。これによって，新たな幼保連携型認定こども園は，幼稚園と同様に小学校就学前の学校教育を行う学校であることが明確にされ，小学校教育との連携が必要であることについても明確にされる。ただし，保育を必要とする子どもについては，保護者の就労時間等に応じて保育を提

供するなど，児童福祉のしくみも含まれる。

したがって，教育・保育内容の基準については，幼稚園教育要領・保育所保育指針ではなく，「幼保連携型認定こども園保育要領（仮称）」を新たに定め，配置職員については，幼稚園教諭免許状と保育士資格を併有することを原則とする「保育教諭」免許状が新設される。今後そのあり方が検討されることになっている。

この新たな幼保連携型認定こども園の設置主体は，国，地方公共団体，学校法人または社会福祉法人とし，既存の幼稚園や保育所からの移行は義務付けないことになっている。

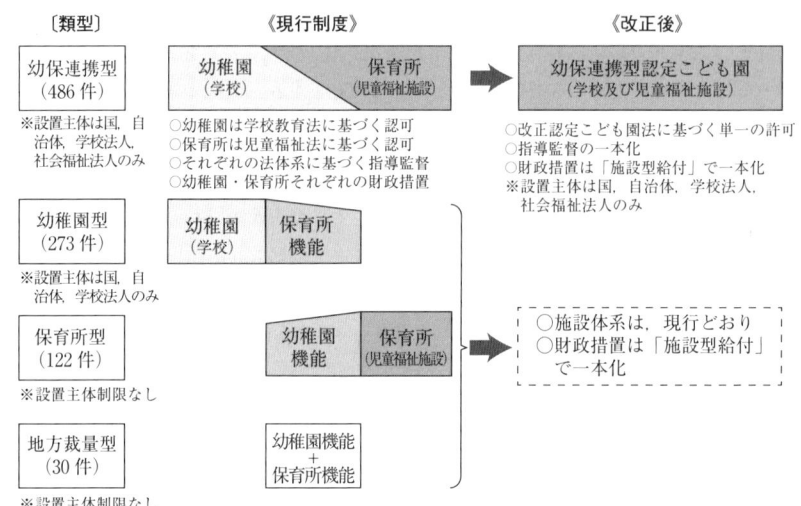

（認定こども園の合計件数は911件（平成24年4月時点））

出典：内閣府・文部科学省・厚生労働省　子ども子育て関連3法について（資料）平成24年9月

図2　認定こども園法の改正について

（2）施設型給付と地域型保育給付の創設

新システムのサービス給付および事業は，①「子ども・子育て支援給付」と②「地域子ども・子育て支援事業」の2種類に大別される。このうち，「子ども・子育て支援給付」の内容は，「施設型給付」（認定こども園，幼稚園，保育所を通じた共通の給付），「地域型保育給付」（小規模保育，家庭的保育，居宅訪問型保育，事業所内保育）および「児童手当」の3給付のしくみとなる。

また，①認可外保育施設（いわゆる無認可保育所）は，施設型給付に含まれなかったことで，認可保育所と同等に扱われるサービス給付にはならないが，地域型保育給付の対象となれば，新システムのサービス給付に含まれることになる。児童手当制度については，子ども・子育て支援給付として，新システムに明確に位置づけられることになる。

子ども・子育て支援給付	地域子ども・子育て支援事業
■施設型給付 ・認定こども園，幼稚園，保育所を通じた共通の給付 　※私立保育所については，現行どおり，市町村が保育所に委託費を支払い，利用者負担の徴収も市町村が行うものとする ■地域型保育給付 ・小規模保育，家庭的保育，居宅訪問型保育，事業所内保育 　※施設型給付・地域型保育給付は，早朝・夜間・休日保育にも対応 ■児童手当	■利用者支援，地域子育て支援拠点事業，一時預かり，乳児家庭全戸訪問事業等 （対象事業の範囲は法定） 　※都道府県が実施する社会的養護等の事業と連携して実施 ■延長保育事業，病児・病後児保育事業 ■放課後児童クラブ ■妊婦検診

※出産・育児に係る休業に伴う給付（仮称）→将来の検討課題

出典：内閣府・文部科学省・厚生労働省　子ども子育て関連3法について（資料）　平成24年9月

図3　給付・事業の全体像

（3）放課後児童クラブ（学童保育）の新たなしくみ

　放課後児童クラブは，子ども・子育て支援法により「地域子ども・子育て支援給付」として位置づけられ，児童福祉法の改正により，その対象児童などが拡大されることになる。

　また，大都市以外の地域の子育て支援機能の充実を図る目的から，地方においては，小規模保育に放課後児童クラブを併設するなど多機能型の一部としても想定されている。

　対象児童は，小学生全般（1～6年生）に拡大され，これまでの「おおむね10歳未満」の限定的対象ではなくなり，保護者の就労だけでなく保護者の疾病や介護なども該当することを周知すること（衆参付帯決議）になっていることから，保育要件の拡大も想定される。

3．保育現場に与える影響

　新たな幼保連携型認定こども園の設置主体は，国，地方公共団体，学校法人または社会福祉法人とし，既存の幼稚園や保育所からの移行は義務付けないことになっていることから，完全な幼保一元化には移行しにくいと考えられる。

　また，民間保育所のサービス給付のしくみについては，現行制度と同様に市町村が保育所に委託費を支払い，利用者負担の徴収も市町村が行うしくみが残るので，実質的な影響は限定的である。

　放課後児童クラブは，対象範囲の拡大による現場への影響が予想されるが，「児童福祉施設の設置及び運営に関する基準」において，従事する者及び員数については，国の省令（従うべき基準）で定められるが，施設，開所日数，時間などは，基礎自治体の条例（参酌す

べき基準）で定めることができるようになったため，施行日までに条例制定もしくは改正作業が進むことになる。

（新潟県立大学・植木信一）

編集委員のことば

　本シリーズは，好評をいただいた「保育ライブラリ」の全面改訂に基づく新たなものです。幼稚園教育要領の改訂および保育所保育指針の改定をよい機会として，記述として足りない点や補うべき点について大幅に手を入れ，新たな版としました。

　それはまさに時宜を得たものでもあります。今ほど，保育・幼児教育を囲む制度や社会・政治の情勢が激変しつつある時期はなく，まさに確かな方向性を持った提言と指針が求められているからです。保育の重要性の認識は広がってきており，養成を通して力量のある保育者を送り出すことが必要であり，また現職の方々の研修に力を注ぐようになりました。そのためのテキストが本シリーズの目指すところです。

　何より，保育・幼児教育の公共的使命が明確になってきました。もはや保育所は子どもを預かってくれさえすればよいなどと誰も言わないでしょう。また幼稚園は子どもが楽しく過ごしていればよいので，教育は小学校から始まるとも言わなくなりました。

　そこにおいて特に大きく寄与したのは，保育士の国家資格化と保育所保育指針の告示化です。保育士・保育所の仕事についての社会的な認知が進んだことの表れです。またそれを通して，幼稚園教諭と幼稚園に対して保育士と保育園が対等に位置づけられたことも見逃せません。幼稚園教育要領は従来から大臣告示であり，幼稚園教諭免許は国による資格であり，それと同等になったのです。

　保育所保育指針において保育所の保育は養護と教育を一体的に進めるものとして定義されています。そこで言う教育とは幼稚園と同様のことであり，幼稚園教育要領と対応した記述になっています。それが告示とされ，つまりは法令として扱われることで法的な義務づけとされることとなっています。ですから，今後，幼児教育の施設は幼稚園と保育所の双方が該当することになりました。

　一方，幼稚園の学校教育全体での位置付けも強固なものとなりました。学校教育法の改正により幼稚園は学校種の最初に来るものとして重視され，その目的や目標も「義務教育及びその後の教育の基礎を培う」ものとして，人格形成

の基盤を育てることがはっきりとしました。なお，この規定はさらに教育基本法第11条の「幼児期の教育」の明記により裏付けられており，そこでは幼稚園と保育所が家庭・地域と連携して進めるという趣旨が述べられています。ですから，学校教育法の幼稚園の記述は保育所にも準用されると解釈されます。

児童福祉法も保育所保育を支える方向で改正され，さらに次世代育成支援計画の策定が地域に義務づけられる中で保育所の児童福祉に占める位置が大きなものとなりました。虐待防止のための要保護児童対策地域協議会の大事な構成員ともなっています。

保育士の業務として子どもを保育することと共に，家庭への支援が含められたことも大きな意味があり，それが保育所保育指針での保護者視点の詳細化につながり，並行して，幼稚園教育要領でも保護者との連携や子育て支援が明確に記されました。子育て支援が幼保双方にとって大きな課題となっているのです。

以上のことから，幼稚園教諭・保育士の仕事は広がりつつ，さらなる質の高さを求められるようになっています。従来にも増して，養成校への期待は大きく，そこで優れたテキストが必要となることは明らかです。

本シリーズはそのニーズに応えるために企画され，改訂されています。中心となる編集委員4名（民秋，小田，栃尾，無藤）が全体の構成や個別の巻の編集に責任を持っています。なお，この間，栃尾氏は残念ながら逝去され，残された3人は，その遺志を継ぐべく努力したいと思っています。

本シリーズの特徴は次の通りです。第一に，実践と理論を結びつけることです。実践事例を豊富に入れ込んでいます。同時に，理論的な意味づけを明確にするようにしました。第二に，養成校の授業で使いやすくすることです。授業の補助として，必要な情報を確実に盛り込み，学生にとって学びやすい材料や説明としています。第三に，上記に説明したような国の方針や施策，また社会情勢の変化に対応させ，現場の保育に生かせるよう工夫してあります。

実際にテキストとして授業で使い，また参考書として読まれることを願っています。ご感想・ご意見を頂戴できるなら，それを次の改訂に生かしていきたいと思います。

2008年12月　　民秋　言・小田　豊・栃尾　勲・無藤　隆

はじめに

「保育相談支援」，この言葉を耳にしたとき，みなさんはどのようなことをイメージするだろうか。

子育てを取り巻く状況や家族のありようが変化している現在，子育て中の親や子どもが抱える問題は複雑化し，保育現場に求められるニーズもますます多様になっている。子どもたちの日々の生活の場でもある保育現場は，子育ての問題に最も身近な存在として，通所する家庭の保護者支援はもとより，地域の子育て支援も含めた社会的な役割と機能が大きく求められている。

従来，保育の現場ではその専門性と特色を活かして，さまざまな形で保護者への対応や相談支援を行なってきた。子どもの育ちや子育てそのものを早期から支えることの重要性があらためて指摘されるなかで，これまでの取り組みが体系化され，2011（平成23）年度から「保育相談支援」という科目が保育士養成課程に新設された。子育ての初期を支える今の営みが，5年後10年後の子どもの育ちや家族のありように連続性をもち得る，という長期的な視点もあわせて，相談支援の機能が今までにも増してたいせつになっているといえるだろう。

このように，保育現場における相談支援への期待が高まる一方で，現場における現実的な制約や限界，保育者の過重負担といったことを考慮することも忘れてはならない。日ごろから，保育者が複数の目で子どもやその家族を見守りつつ対応できる体制づくりや，保育者同士が支え合える関係を築いておくことが求められる。また，抱える課題や問題によっては，保育現場の外の機関や専門家とチームを組みながら対応することが必要になるし，地域の人たちと協力して取り組む場面も少なくないだろう。子育てを支える取り組みは，保育現場の内外の，縦・横・斜めのつながりがとても重要なのである。

このような視点を踏まえて，本書では以下のような内容から保育相談支援について解説している。

まず，第Ⅰ部では，保育相談支援の意義と現代の親子の姿について解説している。第1章は，現代の家族の状況を踏まえつつ，保育相談支援が求められる背景とその意義について述べている。第2章は，国際比較研究も含めて，現代

の子育ての問題，とくに，父母の養育の問題と相談支援のあり方について述べている。第3章は，子どもの発達と保育現場のかかわり，集団生活と家庭生活の関係や保護者との信頼関係の構築などについて事例を示しながら述べている。

続く第Ⅱ部では，園における保育相談支援の取り組みについて具体的に解説している。第4章は，保育者の専門性を活かした保護者との日々のやりとりの実際について述べている。第5章は，巡回相談などの他職種・他機関との連携や協働をどのように行なっていくか，チーム支援の実際について述べている。第6章では，発達の遅れなど気になる子どもへのまなざしと，保護者へのかかわりについて留意点を含めて具体的に述べている。第7章は，虐待に関する基本的知識と，具体的な対応の流れなどについて事例をもとに述べている。

さらに第Ⅲ部では，地域に向けた保育相談支援の取り組みについて解説している。第8章は，保育現場が地域の親子や家族をつなぎ，子育てを支える役割をどう果たしているか，その取り組みの実際について述べている。第9章は，児童福祉施設における相談支援を具体的に紹介するなかで，家族の再統合も含めた支援について述べている。

第Ⅳ部では，実際の保育相談支援のための視点と方法，保育者の成長などについて解説している。第10章は，相談支援に求められる視点や姿勢，問題のとらえ方などを具体的に述べている。第11章は，問題の見立てやカンファレンスの持ち方を含めて，相談支援の流れを述べている。第12章は，保育士が専門性を磨きながら成長するために必要な研修のあり方や，保育者自身のメンタルヘルスの保持，支え合いのたいせつさについて述べている。

これから保育の仕事をしたいと思っている初学者にはもちろん，現在，保育現場で仕事をしている保育者にとっても，具体的で示唆に富む視点が多く盛り込まれていると確信している。日々の保育実践に本書が少しでもお役に立てば，2人の子どもの子育てを支えてもらった親としても嬉しい限りである。

最後に，本書の出版にあたり尽力してくださった北大路書房の西村ちひろさんと北川芳美さんに心からお礼を申し上げたい。

2011年2月　編者を代表して　福丸由佳

編集委員のことば
はじめに

第Ⅰ部●保育相談支援の意義と現代の親子の姿

第1章 保育相談支援のめざすもの……3
1節──保育相談支援とは……3
   1．保育所保育指針および幼稚園教育要領の改訂　3
   2．保育相談支援という言葉が意味するもの　4
2節──現代の社会における家族の状況……6
   1．家族という単位の縮小化，多様化　6
   2．家族の変容がもたらすもの　7
   3．社会・文化的文脈のなかの家族　8
3節──保育相談支援のめざすもの……9
   1．対人援助の三段階と具体的な支援の視点　9
   2．保育相談支援における連携のたいせつさ　12
   演習1　現代の家族への保育相談支援について考えよう　14

第2章 現代の子育てに関する問題と保育相談支援……17
1節──日本の子育ての問題……17
   1．子育て支援の方向性と保護者のニーズ　17
   2．日本の子育ての特徴　18
   3．保護者のメンタルヘルス　20
   4．母親の育児不安の変化　20
   5．子育ての問題を子どもの視点からとらえることのたいせつさ　21
2節──養育者どうしの協力と調整（コペアレンティング）……21
   1．コペアレンティングはどのように子どもに影響を及ぼすのか　22
   2．父親のペアレンティング　24
   3．母親のペアレンティング　24
3節──保育相談支援への示唆……25
   演習2　父親の子育て，母親の子育てについて考えよう　27

第3章 子どもの育ちと園での経験……29
1節──子どもの心身の発達─乳幼児期の発達の特性……29
   1．人への信頼感が育つ　29
   2．環境へのかかわり　30
   3．子どもどうしのかかわり　31

4．発達の個人差　31
　　　5．遊びをとおして育つ　32
　　　6．生きる力の基礎が培われる　32
2節──園での生活と家庭での生活……………………………………………………33
　　　1．園と家庭の違い　33
　　　2．園生活と家庭生活の連続性をたいせつに　34
3節──子どもの成長の喜びの共有………………………………………………………35
　　　1．保育者と保護者の信頼関係をつくる　35
　　　2．子どもの成長の喜びを共有するために　36
　　　3．保護者が子どもの成長の喜びに出会える保育をめざして　37
演習3　保育場面の観察から子どもの育ちについて考えよう　39

第Ⅱ部●園における保育相談支援の取り組み

第4章　園における保育相談 ……………………………………………………43
1節──保育者の役割と子育て相談 ……………………………………………………43
　　　1．保育者の役割　43
　　　2．保育者の専門性と子育て相談　44
2節──園から発信する子育て支援 ……………………………………………………47
　　　1．子育て支援情報紙の活用　48
　　　2．子育て支援サークルでの相談　48
　　　3．子育て相談の窓口　49
演習4　保護者への肯定的な言葉かけについて考えよう　51

第5章　保育相談における連携 …………………………………………………53
1節──保育者と発達・障害等の専門家との連携 ……………………………………53
　　　1．保育者が保育に悩むとき　53
　　　2．コンサルテーションとは何か？　54
　　　3．事例をもとに巡回相談の流れと内容をイメージする　55
　　　4．巡回相談を有効に利用するために　57
2節──多様な専門機関・専門家との協働と連携 ……………………………………58
　　　1．どのような専門機関があるのか　58
　　　2．さまざまな専門機関との連携や支援の例　60
　　　3．より実りある連携のために　62
演習5　さまざまな関係機関との連携について考えよう　63

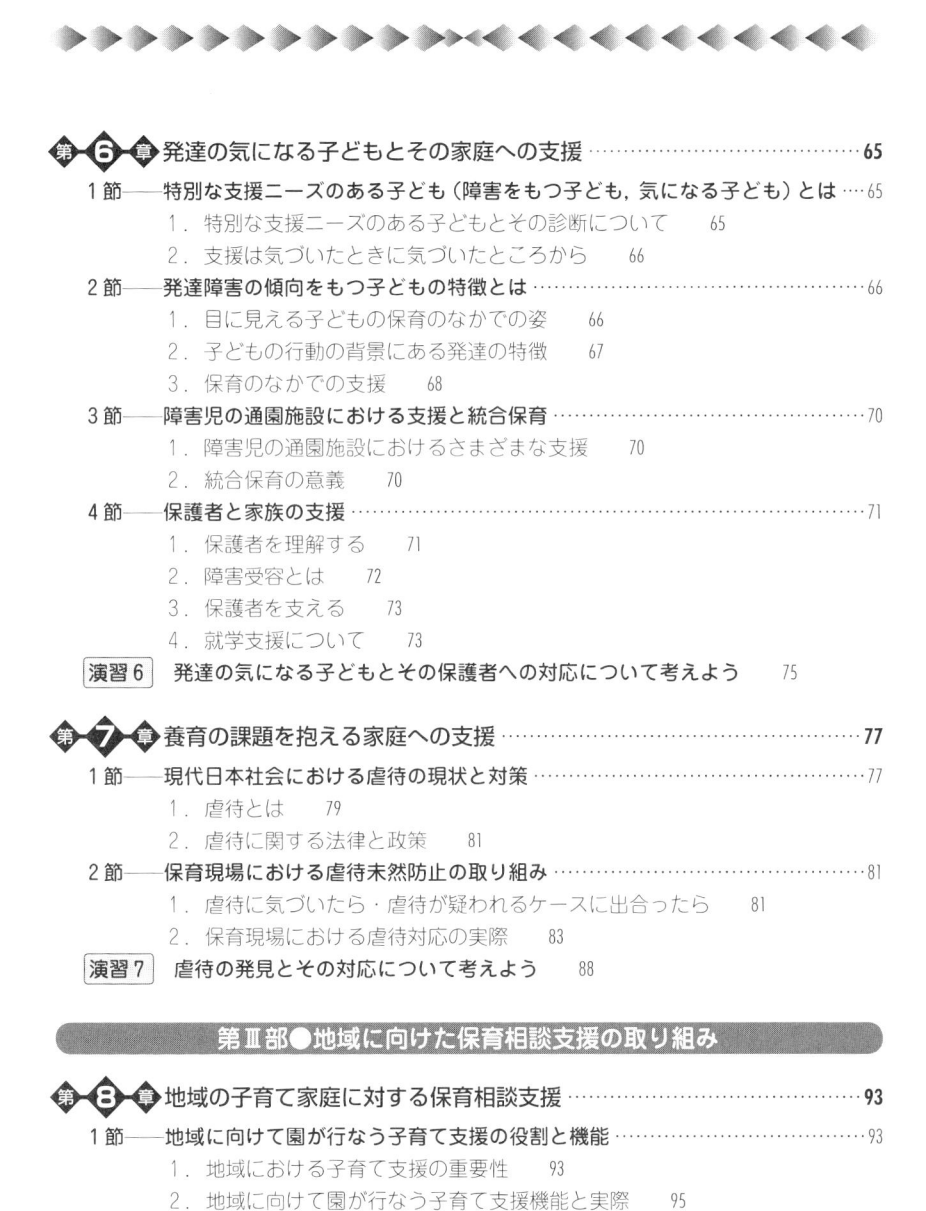

第 6 章 発達の気になる子どもとその家庭への支援 ……………………………… 65
1節── 特別な支援ニーズのある子ども（障害をもつ子ども，気になる子ども）とは ….. 65
1．特別な支援ニーズのある子どもとその診断について　65
2．支援は気づいたときに気づいたところから　66
2節── 発達障害の傾向をもつ子どもの特徴とは ……………………………………… 66
1．目に見える子どもの保育のなかでの姿　66
2．子どもの行動の背景にある発達の特徴　67
3．保育のなかでの支援　68
3節── 障害児の通園施設における支援と統合保育 …………………………………… 70
1．障害児の通園施設におけるさまざまな支援　70
2．統合保育の意義　70
4節── 保護者と家族の支援 ……………………………………………………………… 71
1．保護者を理解する　71
2．障害受容とは　72
3．保護者を支える　73
4．就学支援について　73
演習6　発達の気になる子どもとその保護者への対応について考えよう　75

第 7 章 養育の課題を抱える家庭への支援 …………………………………………… 77
1節── 現代日本社会における虐待の現状と対策 ……………………………………… 77
1．虐待とは　79
2．虐待に関する法律と政策　81
2節── 保育現場における虐待未然防止の取り組み …………………………………… 81
1．虐待に気づいたら・虐待が疑われるケースに出合ったら　81
2．保育現場における虐待対応の実際　83
演習7　虐待の発見とその対応について考えよう　88

第Ⅲ部●地域に向けた保育相談支援の取り組み

第 8 章 地域の子育て家庭に対する保育相談支援 …………………………………… 93
1節── 地域に向けて園が行なう子育て支援の役割と機能 …………………………… 93
1．地域における子育て支援の重要性　93
2．地域に向けて園が行なう子育て支援機能と実際　95
2節── 地域におけるさまざまな子育て支援の概要と実際 …………………………… 97
1．地域子育て支援拠点事業　97

2．地域子育て支援拠点（子育てひろば）の機能と実際　98
3節——地域全体で子育てを支援する力を底上げしていくために……99
　　1．地域で支え合う子育ての実践例　99
　　2．親がみずから支援を求めて動き出せるようにするためには？　101
　　3．子育て支援者コンピテンシー・リスト　101
　演習8　地域における子育て支援の取り組みについて考えよう　103

第9章　施設における保育相談支援……105
1節——児童福祉施設の種類と役割，その現状……105
　　1．児童福祉施設の種類と役割　105
　　2．入所家庭の現状　106
2節——社会的養護の施設における子どもたちの心身の状況と対応……108
　　1．障害と被虐待体験　108
　　2．被虐待体験と求められる対応について　109
　　3．子どもにとって施設で暮らすということ　110
3節——施設における相談支援の特色……111
　　1．社会的養護の施設における相談支援　111
　　2．母子生活支援施設における相談支援　113
　　3．障害児の施設における相談支援　114
　　4．子どもの最善の利益のために　114
　演習9　家族再統合のための保護者アセスメントについて考えよう　116

第Ⅳ部●保育相談支援のための視点と方法

第10章　保育相談に求められる姿勢と技法……121
1節——問題をどうとらえるか……121
　　1．保育相談の特徴　121
　　2．相談をする関係づくりの必要性　123
　　3．問題の関係的な理解　124
　　4．相談で何をめざすか　124
2節——相談の基本姿勢……125
　　1．相談の基本的な技法　125
　　2．モデルとしての保育者　126
　　3．守秘義務　127
3節——保護者の能力や資源を活かした相談支援……127
　　1．自己決定の重要性　127

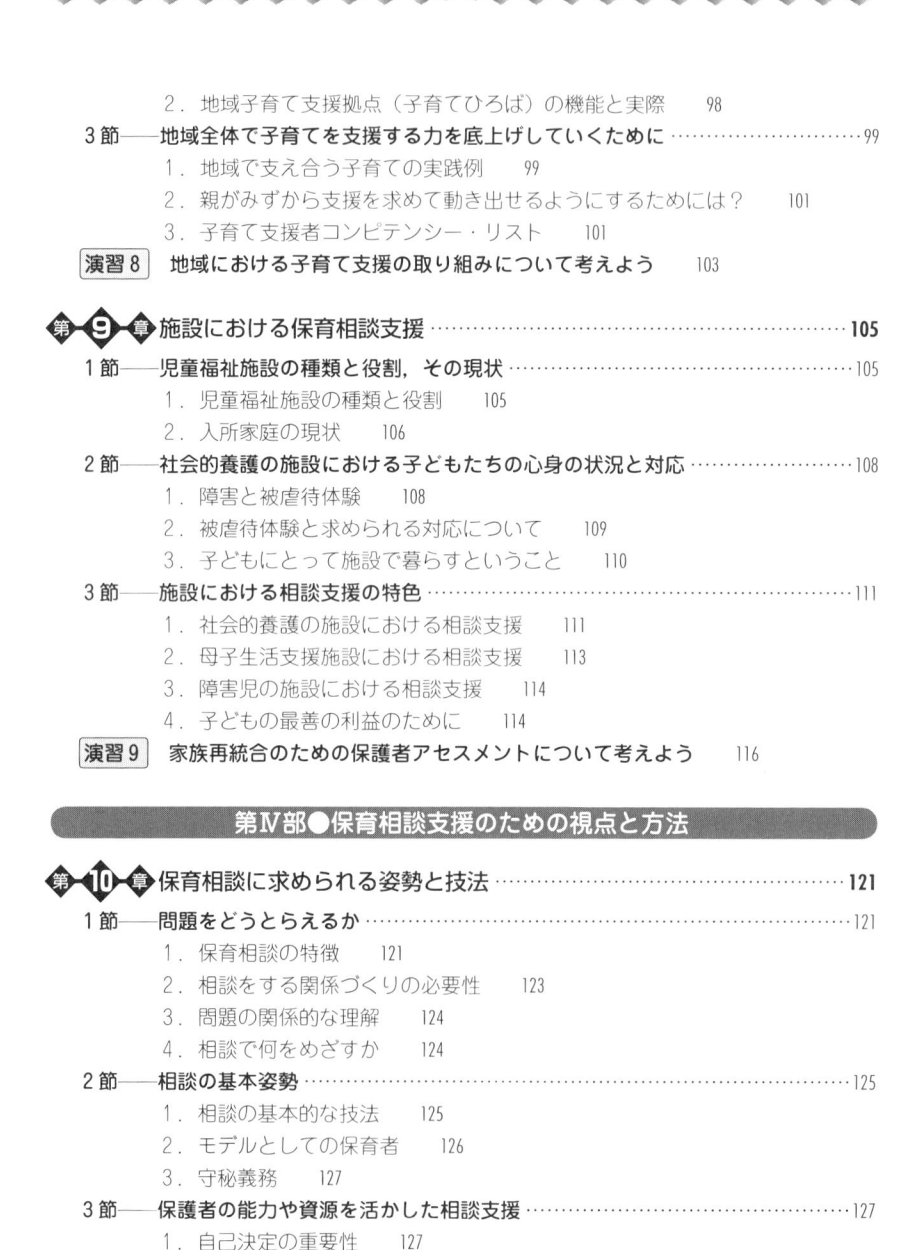

　　　2．親子を育てる問題解決　128
　　　3．心理教育プログラム　129
　演習10　カウンセリングと心理教育について考えよう　131

第11章　保育相談の具体的な流れ……133
1節　保育相談支援のアセスメント……133
　　　1．保育相談が始まるきっかけと場所，時間　133
　　　2．保育相談におけるアセスメント　134
2節　アセスメントを活かした支援計画の立案……138
　　　1．子どもに対する支援　138
　　　2．保護者に対する支援　140
3節　カンファレンス……142
　演習11　保育相談に活かすアセスメントについて考えよう　145

第12章　保育者の成長と研修のあり方……147
1節　保育者の成長……147
　　　1．初心の段階　147
　　　2．中堅に入る段階　149
　　　3．現場のリーダー層の段階　150
2節　保育者のやりがいとメンタルヘルスの保持……151
　　　1．子ども相手の専門的な仕事として　151
　　　2．保護者相手の仕事として　151
　　　3．同僚どうしの支え合い　152
　　　4．多忙さに消耗しないために　153
3節　保育相談の質の向上と研修のあり方……154
　　　1．助言と傾聴の違いと関連　154
　　　2．日常の談話のなかで見いだすこと　154
　　　3．子どもや活動のようすを記録し，ふり返る　155
　　　4．精神病理や発達障害について学ぶ　156
4節　保育者を支える支援と連携……156
　　　1．同僚性が核となる　156
　　　2．地域の専門機関とつなぐ　156
　　　3．巡回相談などを活用する　156
　　　4．初動また幅広の専門性と深く狭い専門性を身につける　157
　演習12　保育者の成長と学びについて考えよう　158

引用（参考）文献　　160
索引　　164

第 I 部

保育相談支援の意義と現代の親子の姿

　保育現場における支援では，保育所に通う子どもとその保護者にとどまらず，地域も含む広い意味での子育て支援への対応，そしてそれに見合うための時代に即応した保育者としての「専門性の向上」が求められている。今，なぜ保育相談支援がこれほどまでたいせつになっているのだろうか？

　第 1 部では，子育てを取り巻く社会環境や現代の家族の状況，養育の問題といった保育相談支援の背景にあるテーマへの理解を深めつつ，保育相談支援の理念と，その意義について考えてみよう。また，園における子どもの育ちを概観しながら，集団生活と家庭生活との関係や，保護者との信頼関係の構築についても学んでみよう。

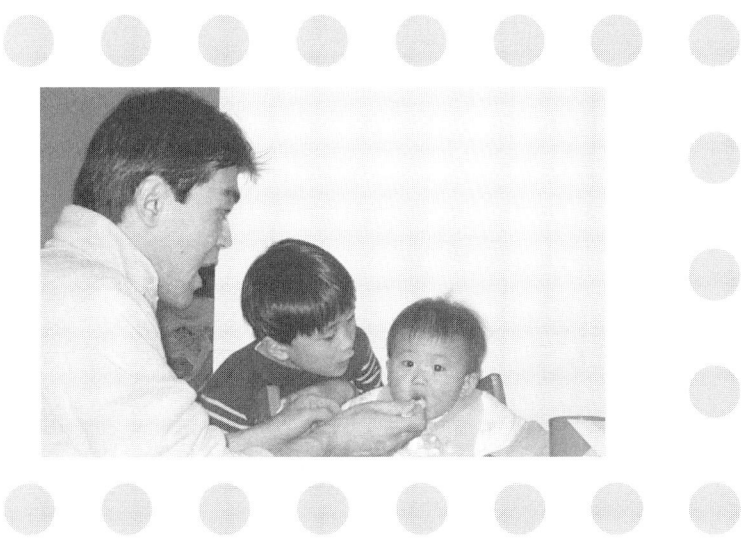

第1章 保育相談支援のめざすもの

　保育現場は，子どもが友だちや保育者とのかかわりのなかで，さまざまな体験や学びをする場である。将来，保育の仕事につきたいと思っている人のなかには，子どもとかかわるのが保育者の仕事だと思っている人も少なくないだろう。しかし，現在保育現場に求められている役割はそれだけではない。2008（平成20）年3月に保育所保育指針および幼稚園教育要領が改訂された（施行は2009年4月）。その大きなねらいのひとつが，保護者や子育て家庭に対する支援，地域社会への貢献という視点である。

　本章では，子育てを取り巻く社会環境や家族の状況を概観しながら，保育相談支援の必要性やその目的について考えてみる。

1節 保育相談支援とは

1——保育所保育指針および幼稚園教育要領の改訂

　近年，乳幼児期の子どもとその家庭を支える取り組みは，多種多様である。そのなかで，保育の現場がもつ役割はますます大きくなっている。改訂後の保育所保育指針および，幼稚園教育要領では，子育て支援について表1-1のような記述がある。またとくに，保育所保育指針では，第6章「保護者に対する

支援」において、「保育所における保護者への支援は、保育士等の業務であり、その専門性を生かした子育て支援の役割は、特に重要なものである。保育所は、第1章（総則）に示されているように、その特性を生かし、保育所に入所する子どもの保護者に対する支援及び地域の子育て家庭への支援について、職員間の連携を図りながら、次の事項に留意して、積極的に取り組むことが求められる」と述べられている。さらに続いて、「1. 保育所における保護者に対する支援の基本」「2. 保育所に入所している子どもの保護者に対する支援」「3. 地域における子育て支援」と具体的な項目がならんでいる。

表1-1 「保育所保育指針」「幼稚園教育要領」における子育て支援の記述

『保育所保育指針』	第1章　総則　2保育所の役割 （3）保育所は、入所する子どもを保育するとともに、家庭や地域の様々な社会資源との連携を図りながら、入所する子どもの保護者に対する支援及び地域の子育て家庭に対する支援等を行う役割を担うものである。
『幼稚園教育要領』	第3章　指導計画及び教育課程に係る教育時間の終了後等に行う教育活動などの留意事項 第2　教育課程に係る教育時間の終了後等に行う教育活動などの留意事項 2　幼稚園の運営に当たっては、子育ての支援のために保護者や地域の人々に機能や施設を開放して、園内体制の整備や関係機関との連携及び協力に配慮しつつ、幼児期の教育に関する相談に応じたり、情報を提供したり、幼児と保護者との登園を受け入れたり、保護者同士の交流の機会を提供したりするなど、地域における幼児期の教育のセンターとしての役割を果たすよう努めること。

資料：厚生労働省「保育所保育指針」、2008
　　　文部科学省「幼稚園教育要領」、2008

　個々の具体的支援の視点については3節で述べるが、ここで述べられている内容は、保育現場における支援が、保育所に通う家庭はもちろん、地域も含む広い意味での子育て支援への対応を求められるようになったこと、そして、それに見合うための時代に即応した保育者としての「専門性の向上」が求められていることを意味している。

2──保育相談支援という言葉が意味するもの

　保育者の専門性を活かした保護者への支援について、保育所保育指針解説書（厚生労働省、2008）では、「子どもの保育の専門性を有する保育士が、保育に関する専門的知識・技術を背景としながら、保護者が支援を求めている子育て

の問題や課題に対して，保護者の気持ちを受け止めつつ，安定した親子関係や養育力の向上をめざして行う子どもの養育（保育）に関する相談，助言，行動見本の提示その他の援助業務の総体」と述べている。解説書ではこれを「保育指導」としているが，2011年度からの保育士養成課程で新たに加えられた「保育相談支援」は，この保育指導を含むものとして，保育現場における保護者支援を包括的にとらえているといえる。

このように，保育者による保護者支援について，より具体的な記載がされるようになった背景には，児童福祉法の改正も関係している。たとえば，児童福祉法第48条の3には「保育所は，当該保育所が主として利用される地域の住民に対してその行う保育に関し情報の提供を行い，並びにその行う保育に支障がない限りにおいて，乳児，幼児等の保育に関する相談に応じ，及び助言を行うよう努めなければならない」という規定が1997（平成9）年に加えられた。さらに4年後には，第18条の4において，保育士は「児童の保育及び児童の保護者に対する保育に関する指導を行う」とされた。

つまり，従来保育士の中心業務とされてきた子どもの保育や世話といったケア・ワークの機能に加えて，保護者への保育相談・助言をはじめとする生活上の具体的な諸問題を視野に入れたソーシャルワーク機能をより担うこととなった（金戸・犬童，2010）（ソーシャルワークの詳細については10章を参照）。これは，保育や子育てに関する知識，技術，経験を蓄積している保育所における，保育と一体となった支援という点で，ほかの子育て支援の資源にはみられない特性といえる（網野，2009）。

なお，保育相談と類似したものとして保育カウンセリングがある。中島（2010）によれば，保育カウンセリングとは，「保育者がカウンセリングの原則について理解し，保育の専門性と保育所・幼稚園の特徴を生かして子育てについての相談・助言を行い，子育て支援をしていくこと」と定義されている（カウンセリングについては10章参照）。保育相談支援は，こうした視点も含みつつ，より広い意味での相談支援業務を包括的に示す概念であるといっていいだろう。

このように，子どもの生活の場でもあり，保護者とも日々接することができる保育現場は，身近でかつ最初の相談支援窓口となることが少なくない。一方，

その担い手は,常に保育者のみに限られるわけではない。保護者からの相談内容や状況によっては,たとえば医療や心理など,ほかの分野の専門家を交えた相談支援も欠かせないし,他機関との連携もたいせつになってくる（3節2参照）。保育相談支援は,その延長線上に,こうした広い視点を包含したものであり,保育の専門性や保育現場の特徴を活かした相談・援助をとおして,子育て支援に資する活動であるといえる。

節 現代の社会における家族の状況

　保育現場における支援が重要になった背景には,現代の子育てにおける課題や問題が複雑化・多様化しているという状況がある。子育てに関する問題を,単純に子育て中の親子の問題として考えるのではなく,子育てを取り巻く社会環境,そのなかにある親子・家族といった多様な視点から理解することもたいせつである。本節では,現代社会のなかにおける家族の状況,子育ての環境について概観するなかで,子育て支援,家族支援の必要性について考えてみる。

1──家族という単位の縮小化,多様化

　子育てや親子・家族を取り巻く変化について考える際,「少子化」という言葉がまず浮かぶ人も多いだろう。1989（平成元）年のいわゆる1.57ショックを契機に,2005（平成17）年には合計特殊出生率[*1]は1.26にまで低下した。近年少しずつ上昇のきざしをみせてはいるものの,依然として低い状態が続いており,家族の単位そのものが縮小化している傾向が指摘できる（図1-1）。

　この背景には,子育てにお金がかかるという経済的な要因や,男女双方の晩婚化現象も関係していると考えられる。たとえば,初婚年齢を例にとると,1980（昭和55）年のわが国の平均初婚年齢は男性が27.8歳,女性は25.2歳だったのに対し,2008（平成20）年は男性が30.2歳,女性が28.5歳で,結婚を取り巻く現象にも変化が起きていることがわかる。また,女性の高学歴化や共働き率の増加という変化も指摘できる（子どものいる典型的一般世帯数に占める共

---

*1　出生率計算の際の分母の人口数を15歳から49歳の女性に限定し,各年齢ごとの出生率を足し合わせ,1人の女性が生涯,何人の子どもを産むかを推計したもの。

2節　現代の社会における家族の状況

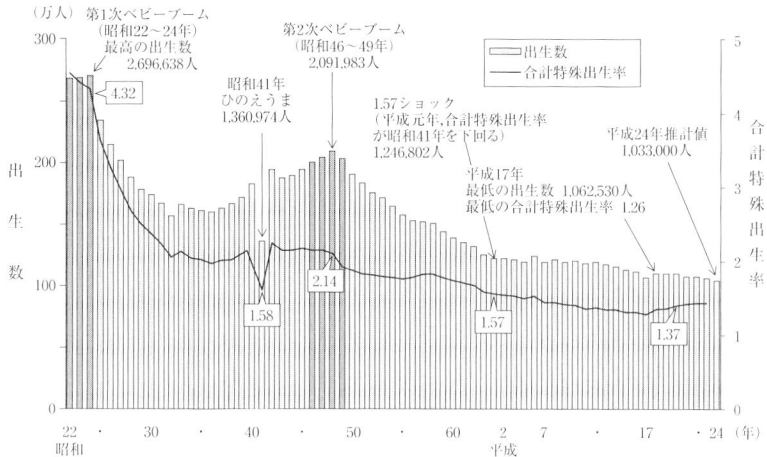

図1-1　出生数および合計特殊出生率の年次推移

資料：厚生労働省「平成24年人口動態統計の年間推計」，2013

働き率は1985（昭和60）年に29.7％だったのに対して，2008年は41.5％と増加している）。

さらに，世帯構造別にみた家族の状況をみると，三世代同居は減少し，核家族の割合が75％を超えている。また，ひとり親と未成年の子ども世帯の割合はこの20年の間に増加し続けるなど，家族の構造も多様化していることがわかる。このように，家族の縮小化，男女の生き方や家族のあり方の多様化は，現代の子育てや家族の状況を理解する際にもかかわってくる重要な点である。

2──家族の変容がもたらすもの

男女の生き方や家族の多様化，さらに縮小化といった変容は，子どもの育ちや子育てにどのような影響を及ぼし得るだろうか。たとえば少子化を例にとると，子どもどうしのやりとりをとおして多様な人間関係を経験する機会が家庭のなかでも減少していることが指摘できる。きょうだいげんかは減り，子ども自身が自分の気持ちや考えを主張しなくても，親やまわりの大人が自分の意を察知してくれることも多くなる。こうした関係は，一見，居心地のよいものにもみえるが，親の側には，数の少ない子どもにできるだけのことをしてあげようという親の思いが先行しがちな「先回り育児」を，また子どもの側には，他

7

者とのやりとりのなかで自分の気持ちを伝えたり，相手の言い分を聞いてがまんしたりといったコミュニケーション力や気持ちをコントロールする力が育ちにくいという状況を生み出しやすくする。

さらに，親世代も少子化時代に育っていることで，子育てを通じた親どうしの関係が重荷に感じられたり，つきあい方に戸惑いを覚えることもあるかもしれない。家庭での育児から集団活動を中心とする園生活への移行は，子どもだけではなく親と子どもの双方に，より緊張感のともなう大きな変化として体験されることが増えているのではないだろうか。

3——社会・文化的文脈のなかの家族

家族は，そのメンバーが生きている時代や社会の価値観の影響を受ける集団でもある。たとえば，合理性や効率性を重視する社会の価値観という視点から考えてみると，家庭のなかに限らず，職場や働き方の問題が家族のありようや子育てにも影響を及ぼしている現実がみえてくる。近年育児に積極的にかかわろうとする父親も増えつつある一方で，効率性を求める職場のなかで経済的な不安や長時間労働にさらされ，なかなか思うように子どもとかかわれない日本の父親の問題は，子育て中の母親にも大きな影響を及ぼしている（第2章参照）。さらに，都市部を中心とする待機児童の問題や，子育て後の社会復帰のむずかしさを抱える現代社会においては，将来への見通しのもてなさも手伝って，目の前の子どもの育ちを楽しんだり，成長を待つということ自体がむずかしく，子育ての負担やストレスを強く感じている母親も少なくない。多様な生き方の選択肢が存在するはずの社会のなかで，子どもの誕生後は，効率性や合理性とは対極にある子育てを一手に引き受けざるを得ない母親の状況は，閉塞感や負担感ともあいまって，ますます「孤育て」化しやすいという一面ももっている。

また，おけいこ事や受験勉強などに忙しくなる子ども，家事育児と仕事とのやりくりや両立に悩む有職の母親など，家族メンバーもそれぞれに忙しい。このような家族の状況に加え，携帯電話やインターネットの急激な普及によってもたらされたIT社会は，私たちのコミュニケーション能力や対人関係のもち方に確実に大きな影響を与えている（中釜，2008）。多くの情報がリアルタイ

ムでなだれ込むなかで、夫婦や親子の情緒的な交流は減少し、家族の親密さや絆がますます希薄になっている現状が指摘できるだろう。

このような情報過多の社会のありようは、子育てそのものにも影響を及ぼしている。核家族化した環境のなかで、ちょっとした外出の際も子どもを預かってくれる人がいないと感じている母親が少なくないなど（福丸, 2008)、かつての地域の人との直接的なかかわりが減少している一方、インターネット上では子育てに関する情報が即座に入手できるのも現代の育児の特徴である。そのため、幼児早期からの教育の重要性をうたった情報などにふり回され、「早く色々なことを学ばせなければ」と、焦りを感じる母親も少なくない。また、子どもの育ちや障害*2に関する情報も身近になるなかで、目の前の子どもと向き合うよりも、情報収集に目がいってしまい、必要以上に不安をかき立てられることもある。適切な情報や知識が増えること自体は悪いことではないが、あふれる情報を取捨選択して、うまく活用することがますますたいせつになっている。

このように、子育てを取り巻く社会や家族のありようが変化するなかで、子育て中の親や子どもが抱える課題や問題もやはり多様で複雑になってきている。このことは、保育者が保育の現場で向き合う課題や問題の多様化・複雑化をも意味している。保育現場に求められる役割がますます大きくなるなかで、支援における視点を整理しておくこともたいせつである。次節では、保育相談支援における対人援助を階層的に整理し、今後の課題について考えてみる。

節 保育相談支援のめざすもの

1——対人援助の三段階と具体的な支援の視点

柏女・橋本 (2009) は、保育士が行なう対人援助を、大きく「発生予防の段階」「進行予防の段階」「特別なニーズへの対応段階」の三段階に分類している

---

*2 障害の「害」の字が差別的という批判を受けて、現在各自治体やさまざまな場面で「障がい」と表記され始めているが、法律上はまだ「障害」であることから本書では「障害」の表記を用いる。

(図1-2)。1節で述べたように，保育者の行なう支援は，保育というケアワークの専門性と，連動するソーシャルワーク機能も活用しながら展開していくが，その段階によっても支援の視点や技術が異なる面がある。以下，保育所保育指針第6章に具体的にあげられた支援，すなわち，保育所に入所している子どもの

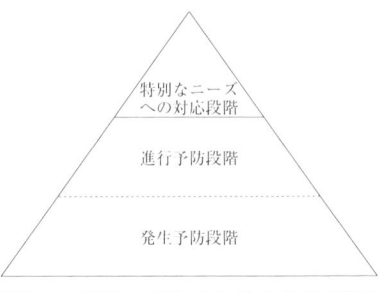

図1-2　保育士が行なう対人援助（橋本，2008，p.170）

保護者に対する支援の6項目（表1-2）と，地域における子育て支援の3項目（表1-3）を照らし合わせながら，支援の視点を考えてみる。

表1-2　保育所に入所している子どもの保護者に対する支援

> (1) 保育所に入所している子どもの保護者に対する支援は，子どもの保育との密接な関連の中で，子どもの送迎時の対応，相談や助言，連絡や通信，会合や行事など様々な機会を活用して行うこと。
> (2) 保護者に対し，保育所における子どもの様子や日々の保育の意図などを説明し，保護者との相互理解を図るよう努めること。
> (3) 保育所において，保護者の仕事と子育ての両立等を支援するため，通常の保育に加えて，保育時間の延長，休日，夜間の保育，病児・病後児に対する保育など多様な保育を実施する場合には，保護者の状況に配慮するとともに，子どもの福祉が尊重されるよう努めること。
> (4) 子どもに障害や発達上の課題が見られる場合には，市町村や関係機関と連携及び協力を図りつつ，保護者に対する個別の支援を行うよう努めること。
> (5) 保護者に育児不安等が見られる場合には，保護者の希望に応じて個別の支援を行うよう努めること。
> (6) 保護者に不適切な養育等が疑われる場合には，市町村や関係機関と連携し，要保護児童対策地域協議会で検討するなど適切な対応を図ること。また，虐待が疑われる場合には，速やかに市町村又は児童相談所に通告し，適切な対応を図ること。
>
> （保育所保育指針　第6章より）

(1) 発生予防の段階

まず，図1-2の発生予防の段階は，子どもや保護者，地域住民を含めたより広い視点からの支援になる。送迎時の対話やお便り，日々の保育連絡ノートなど，多様な情報提供やコミュニケーションの活用といった日常の保育と一体した援助がここに含まれる。表1-2の(1)や(2)がこれに該当する。とくに保育連絡ノートは，日中の子どものようすを知ると同時に，保護者からのメッセージを発信する手段でもある。保育者からのコメントが，保護者の不安な気持ち

表1-3 地域における子育て支援

(1) 保育所は、児童福祉法第48条の3の規定に基づき、その行う保育に支障がない限りにおいて、地域の実情や当該保育所の体制等を踏まえ、次に掲げるような地域の保護者等に対する子育て支援を積極的に行うよう努めること。
　ア　地域の子育ての拠点としての機能
　　（ア）子育て家庭への保育所機能の開放（施設及び設備の開放、体験保育等）
　　（イ）子育て等に関する相談や援助の実施
　　（ウ）子育て家庭の交流の場の提供及び交流の促進
　　（エ）地域の子育て支援に関する情報の提供
　イ　一時保育
(2) 市町村の支援を得て、地域の関係機関、団体等との積極的な連携及び協力を図るとともに、子育て支援に関わる地域の人材の積極的な活用を図るよう努めること。
(3) 地域の要保護児童への対応など、地域の子どもをめぐる諸課題に対し、要保護児童対策地域協議会など関係機関等と連携、協力して取り組むよう努めること。

（保育所保育指針　第6章より）

をやわらげ、それが励ましにつながることも少なくない。送迎時のやりとりを含め、こうした保育者との何気ないコミュニケーションの一つひとつが、日々の子育ての支えにつながっている。

また、表1-2の(3)に記載される仕事と子育ての両立、いわゆるワーク・ライフ・バランスについても支援の一環として位置づける必要がある。仕事か子育てかの二者択一ではなく就労と子育ての双方を視野に入れながら保護者の子育てを支えることが求められている。

さらに、園庭や施設開放、行事などを通じた子どもや保護者どうしの交流、保育所と地域の人との関係づくりを目的とする活動もここに含まれる（表1-3の(1)(2)）。通常業務としての保育に支障がない範囲で、積極的に取り組むことが明記されており、この業務のウェイトは全国的にみても徐々に高まっている（網野、2009）。地域に開かれた保育現場の機能は、予防的観点からもとても重要な意味をもっているのである。

(2) 進行予防の段階

第2段階は、保護者がなんらかの問題を意識して相談援助を求めている状況である（表1-2の(5)など）。たとえば、「弟が生まれたら、上の子の赤ちゃん返りがひどく、こちらもイライラしてしまう」といった相談などである。この段階の相談援助は、子どもの成長過程で起こり得る一般的な子育ての悩みも少なくない。子どもの発達や保育に関する専門知識や技術を背景に、保護者の気

持ちを受け止めつつ，安定した親子関係や養育力をはぐくむといった保育指導の専門性を活かした援助が求められる。

(3) 特別なニーズへの対応段階

第3段階は，より個別的かつ，具体的なニーズが生じている段階である（表1-2の(4)(6)，また表1-3の(3)などもここに該当すると考えられる）。発達上の課題から，個別的対応が必要な子どもとその保護者への支援，虐待やDV（Domestic Violence）（第7章参照）など，家族の問題を抱えている場合はここに含まれる。この段階の援助は，より専門的な知識も必要で対応も長期に及ぶことがあるため，保育の現場だけではなく，ほかの専門家や専門機関との連携もたいせつである。従来にも増して，この段階の援助における保育現場へのニーズが高くなっているという現状が指摘できる。

このように，内容や緊急性などの状況から段階的・階層的にとらえる視点がたいせつであると同時に，これらは必ずしも明確に区別されるわけではない。たとえば，支援の入口は第2段階の対応ととらえられたとしても，かかわる過程で，より個別具体的な対応も必要になることも少なくない。また，特別なニーズへの支援も日常のコミュニケーションが基本なのは言うまでもない。対人援助の視点はある程度分化した視点をもちつつ，同時に統合的な広い視野からも行なっていくことがたいせつである。

2──保育相談支援における連携のたいせつさ

保育現場に求められる支援がますます多様化するなかで，今後の課題として，最後に連携することの意味についてふれておきたい。

すでに述べたように，保育相談支援における担い手は，常に保育者のみに限られるわけではない。保護者からの相談内容や状況によっては，医療・保健，心理などのほかの分野の専門家や他機関との連携がたいせつになってくる。とりわけ虐待の問題やDVの問題などを含む個別のニーズへの対応が求められる場合はなおさらである。

2004（平成16）年の児童福祉法改正によって保育所も虐待防止ネットワークのなかで重要な役割を担うようになり，虐待の早期発見機能だけではなく，緊

急性の高くないケースについては保育所が継続的にかかわるという状況も増えているという（塩崎，2009）。しかし，塩崎も指摘するように，集団活動に重きが置かれる保育現場においては1対1での対応が現実的にむずかしい場合もある。また，保育者の負担という視点からも対策を考えていく必要もあるだろう。たとえば，臨床心理士や臨床発達心理士などの心理の専門家がアセスメント[*3]や個別相談の部分を担ったり，橋渡し役として専門機関への連絡やその後のフィードバックをスムーズに行なうといった個別対応の役割を果たすことも可能だろう。ほかの領域の専門家と情報を共有し，協働（コラボレーション）[*4]していくこと，異なる職種からの見立てや子ども理解の視点が加わること，さらにそれによって保育者自身にも余裕ができることで，問題やマイナス面だけではなく，子どもや保護者のプラスの面やリソース（その人のなかにある力や資源）などが見えてきやすくなるかもしれない。

　専門性を高めるということは，すべてを引き受けられるようになることではなく，専門的な知識や技術をもちつつ，自分の得手・不得手や置かれた立場をふまえたうえで，できることと，できないことをある程度見極められるようになることでもあるといえよう。

[*3] 心理学の分野では，個人または集団に対して援助を行なうために，問題や状況，対象者のパーソナリティや発達的な特徴などに関する情報を収集・分析し，心理的介入の方針を立てていくプロセスのことをいう。
[*4] 異なる職種や立場の人が，共通の目標の達成に向けて，対等な立場で協力し合い，深くかかわっていくチームワークの形態

第1章　保育相談支援のめざすもの

演習1　現代の家族への保育相談支援について考えよう

1．保育相談支援に対するイメージについて，グループで話し合ってみよう。また，新しい保育所保育指針のなかで，保育所における保護者への支援について独立した章が設けられた目的やその背景，保育相談支援がめざすものについて整理してみよう。

保育相談支援について調べる際に役立つ本や資料

○厚生労働省　『保育所保育指針解説書』　フレーベル館　2008年

　2008年に改定された新保育指針についての詳しい解説書。序章に改定の要点が述べられており，「保育相談支援」については以下のように述べられている。

　「保育所における保護者への支援については，保育士の業務として明記するとともに，独立した章（第6章「保護者に対する支援」）を設け，保育所に入所する保護者に対する支援及び地域における子育て支援について定めています。特に保育所の特性を生かした支援，子どもの成長の喜びの共有，保護者の養育力の向上に結びつく支援，地域の資源の活用など，保護者に対する支援の基本となる事項を明確にしています」。

○無藤　隆・民秋　言　『ここが変わった！New 幼稚園教育要領・保育所保育指針ガイドブック』　フレーベル館　2008年

　改訂された教育要領と保育指針について，日々の保育にどう活かしたらよいのかという視点を中心に，ポイントを絞ってわかりやすく解説されている。キーワードの説明もあり，初学者にも理解しやすい。

○無藤　隆・柴崎正行（編）　『新幼稚園教育要領・新保育所保育指針のすべて』（別冊発達29）　ミネルヴァ書房　2009年

　改訂のポイントをわかりやすく解説してある。また今後の保育のあり方について考える際の参考になる。

2．実際の保育相談支援の場ではどのような相談内容が想定されるだろうか。本章の2節で述べた現代の家族や子育てを取り巻く状況を視野に入れながら具体的に考えてみよう。

子育てを取り巻く環境について知りたいときに役立つ資料

○厚生労働白書
　　厚生労働白書は厚生労働省から出されている年次報告書で，子育てや労働環境，福祉などに関する社会状況の実態や施策についての情報が盛り込まれている。厚生労働省のホームページからもその一部を見ることができる。
○日本子ども資料年鑑
　　子どもや，子育て，家族に関する最新の統計資料，図表が多く載っている。人口動態，家族家庭，発達，福祉，教育，生活環境など，データから子どもや家族を取り巻く最近の傾向を把握することができる。毎年発行。
○ベネッセ次世代研究所　幼児の生活アンケート報告書　2010年
　　乳幼児の生活の様子や保護者の子育てに対する意識などに関する大規模調査の報告書。15年間の経年変化もわかる。ウェブ上で結果の一部を公開している。　http://www.benesse.co.jp/jisedaiken/research/research-13.html

家族について考える際に役立つ本

○平木典子・中釜洋子　『家族の心理』　サイエンス社　2007年
　　現代の社会における家族についてわかりやすく書かれた初学者向きのテキスト。家族に対する臨床的援助技法なども参考になる。
○中釜洋子・野末武義・布柴靖枝・無藤清子　『家族心理学　家族システムの発達と臨床的援助』　金子書房　2008年
　　家族システムという視点から，現代の家族の状況や臨床的課題について理解を深めることができる。家族への支援についても具体的な内容が多い。
○湯沢雍彦，宮本みち子　『新版 データで読む家族問題』　日本放送出版協会　2008年
　　非婚時代の男女の意識や家族の貧困問題など，多様化する家族の状況や，さまざまな制度について，データを示しつつ，わかりやすく解説している。

第2章 現代の子育てに関する問題と保育相談支援

　子育てをめぐる環境の大きな変化のひとつは、少子化対策の一環として保育サービスの提供が増加したことである。その一方で児童相談所に寄せられる虐待相談の件数は増加しており、子どもの発達や個性、子どもの友だち関係をめぐる悩みが多いとされている（無藤，2007）。つまり、保護者は子育てに関する悩みや迷いを外部機関に相談するというニーズをもっているため、支援が必要となっている。

　従来、母親にゆだねられてきた子育てでは、母子密着が問題とされたが、子どもの心身の健康を維持するために、母親のみならず父親も含め養育力を支援する必要が生じている。これからの子育ては、子どもの福祉に視点を合わせた「コペアレンティング（養育者どうしの協力や調整）」もたいせつである。

1節 日本の子育ての問題

1── 子育て支援の方向性と保護者のニーズ

　家族と子育ての変化について渡辺（1999）は、かつて子どもはまわりの多くの人たちに保護・養育されていたが、最近では家族の外からのはたらきかけが弱まり、母親だけに育児が任されていると述べている。育児の社会化が必要に

なっており，保育現場においても保護者への関与をくふうしなければ，現代の子育てに関する問題は解決しない。子どもが社会の一員として成長するためにも家庭外からの支援のあり方が問われている。

子育て支援の定義は柏女（2003）によると，「子どもが生まれ，育ち，生活する基盤である親および家庭における児童養育の機能に対し，家庭以外の私的，公的，社会的機能が支援的にかかわること」とされる。子育て支援事業は拡大しており，共働き家庭，母子家庭，父子家庭への保育サービスの提供だけでなく，未就園児をもつ専業主婦家庭も含め，乳児家庭全戸訪問事業，養育支援事業，地域子育て支援拠点事業，一時預かり事業など，政府や自治体だけでなく，NPOなどによっても推進されている。

今後も育児の社会化は推進され，家族は子育てという営みをとおして外の世界とかかわりを深める（松木，2007）。その結果，保護者のニーズとして子どもに関する相談が保育現場にもち込まれることになる。保育相談支援の側面からとらえてみると，これは家庭での生活・養育の状況を把握する機会ともいえる。これにより，家庭を含めた子どもの成育を統合的にとらえることができ，保護者の養育行動のあり方と保育現場との関連を検討でき，その結果，子どもの発達促進に関連した支援につなげることができる。したがって保育相談は，保護者と連携するよい機会になる。

2 ── 日本の子育ての特徴

日本の子育ては，夫婦間の性別役割分業が著しいこと，三歳児神話，母性規範が強いという特徴がある。たとえば，図2-1は，各国約1,000人の父母を対象としたの国際比較調査（2006）で，母親の接触時間から父親の接触時間を引いた値の平均時間を比較したものである。それによると日本・韓国は，子どもとの接触時間の父母差が，他の国々よりもかなり大きいことがわかる。日本・韓国は母親の接触時間が相対的に長く，性別役割分業が際立っている。

図2-2は東アジア5都市の親（各都市700～1,900人）を対象として母親の育児に対する意識をたずねた結果である（ベネッセ教育研究開発センター，2006）。ほぼ6割が3歳までは母親の手で育てるという意見に賛成していることがわかる。このような傾向は，母子一体感，母子密着を強めてしまうかもし

1節　日本の子育ての問題

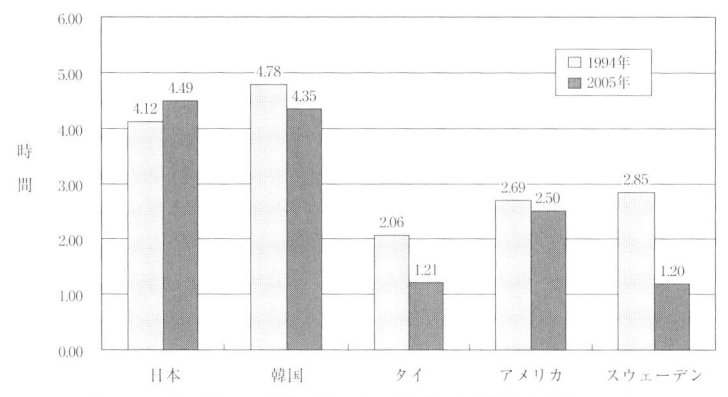

図2-1　子どもとの接触時間の父母差（国立女性教育会館，2006）

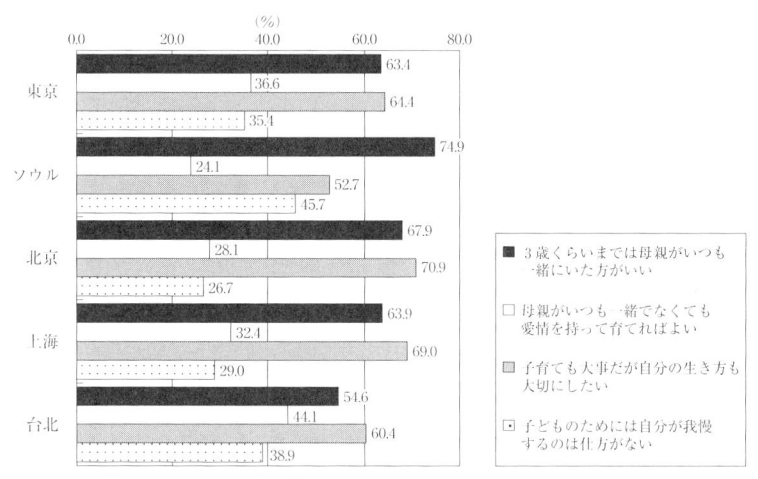

図2-2　東アジア5都市比較調査　子育て観（ベネッセ教育研究開発センター，2006）

れない。また恒吉（2008）は，西欧では夫婦関係が優位であるのに対して，日本では親子関係，とくに母子関係中心で，母子は緊密な情緒的関係，愛着関係で結ばれているとしている。反面，自分の生き方をたいせつにしたいという親が6割以上存在するという結果も示されている。子育て観には，内的葛藤があると予想されることから，子育てをめぐる考え方をふまえ，多様な保護者に対応することが求められる。

3 ── 保護者のメンタルヘルス

　このようななかで保育現場において保護者のメンタルヘルスに留意する必要も生じている。青木（2009）は東京都の公・私立保育所を対象として調査を実施し，気になる保護者の特徴を明らかにした。①対人的コミュニケーションのとりづらさを感じさせる保護者は，心配性で職員を質問攻めにする，なんでも人のせいにしたがるなどの特徴がみられる。②育児意識が低い保護者は，子どもへの理解関心や発達の認識が乏しいことがある。③精神的に不安定な保護者は，気分に波があって職員が対応にとまどうことがある，としている。さらにこのような保護者をもつ子どもの傾向として，園生活には適応しているものの，保護者の精神状態に影響を受けやすいと報告している。

　保育相談では，このような保護者に対応する場面もあり，子どもと保護者が安定した関係を築けるよう，話をじっくり聞いたり面談の機会を設け，保護者のメンタルヘルスに配慮することが望ましい。職員どうし連携をとりながら保護者とかかわりをもち，必要ならば保護者以外の家族や親戚と連絡をとって，子育て・子育ちに関して協力体制をとるなどの対応が求められる。

　家庭における子どもの対人的な交流について，幼稚園・保育所以外で平日に遊ぶときの相手は「専ら母親である」とする家庭が1995（平成7）年は55.1％，2000（平成12）年は68.6％，2005（平成17）年は8割以上を占めており2010（平成22）年は83.1％を示し大幅に増加している（ベネッセ次世代育成研究所，2010）。家庭に戻ったときにはいっしょに遊ぶ友だちがいないことから，保育者は集団のなかで育つ子どもの姿を保護者に伝える必要がある。子どもは，家庭場面だけでなく，幼稚園・保育所などの集団場面を体験することによって，人への信頼感をはぐくみ，自信や安心を広げていく。集団のなかで育つプロセスを保護者と共有することで，安心して子どもを預けられることにつながるだろう。

4 ── 母親の育児不安の変化

　育児不安とは，育児のなかで感じられる漠然とした不安や悩みや疲労が解消されずに蓄積している状態をさし，①子どものことでどうしたらよいかわからなくなる，②毎日くたくたに疲れる，③子どもがわずらわしくてイライラする，

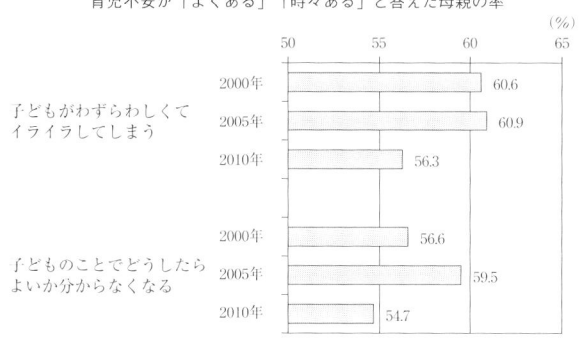

育児不安が「よくある」「時々ある」と答えた母親の率

子どもがわずらわしくてイライラしてしまう	2000年	60.6
	2005年	60.9
	2010年	56.3
子どものことでどうしたらよいか分からなくなる	2000年	56.6
	2005年	59.5
	2010年	54.7

図2-3　育児不安の回答の経年比較（ベネッセ次世代育成研究所, 2010）

などの兆候を示す（牧野，1999）。母親の育児不安は，母子が社会的に孤立しているほど，また，父親の育児参加が少ないほど高くなりがちである。さらに育児不安が高いほど，母親の不適切な養育行動が増えがちであり（牧野，1982），子どもにのめり込むことが多くなる（牧野，1983）と推測される。2000年，2005年，2010年の育児不安の経年比較（ベネッセ次世代育成研究所，2010）によれば，6割近い母親が育児不安を抱えていることが示されている。

5 ── 子育ての問題を子どもの視点からとらえることのたいせつさ

　幼稚園や保育現場で出会う個々のケースについては，「親の問題」「子どもの問題」「親子関係の問題」「取り巻く環境の問題」のどれか，またはそれらを複合的に抱えていることが多い。保育者は子どもの人間関係・社会性の発達を促進するために，保護者による養育と保育との連携について考えてみる必要がある。すなわち家庭内・外の領域の再編成にともなって，子どもが親子関係をとおして学んだことを，幼稚園や保育所における集団場面でどのように発揮するか，さらに保育や教育が，子どもの人間関係・社会性の発達に対して，どのように貢献できるかについて考えることがたいせつである。

❷節　養育者どうしの協力と調整（コペアレンティング）

　子どもは，複数の養育者とかかわることによって人間関係や社会性を育むと

考えられる。ペアレンティングとはベルスキー（Belsky, 1984）によれば，親として機能することとされている。子どもは両親との関係を形成することで多様な関係を学び，さらにそれによって行動範囲が広がることで，社会的ネットワークを拡大していく（石井クンツ，2009）。そこで子育てを検討する際に，親機能を担っている人の組み合わせを考えることが，家族を外に開くために必要となってくる（渡辺，1999）。ひとり親家庭が増加している現状では，母親だけではなく，父親や他の養育機能を果たす人々の存在にも注目すべきであろう。そこで知っておきたいのが，コペアレンティングという概念である。コペアレンティングとは，養育者どうしの協力・調整のことである。これまで離婚後の親どうしの協力をコペアレンティングとしてきたが，最近は両親そろった家庭内の夫婦間にも用いられ，協力の一方で調整についても取り上げられる。保育現場では，ひとり親家庭に適用する際には代替となる養育者（祖父母などの親族，離婚した場合は実親など）を想定しコペアレンティングをとらえることも必要である。さらに養育者間の協力や調整を援助する支援者は，子どもの人間関係や社会性の発達に寄与するものと考えられる。

1── コペアレンティングはどのように子どもに影響を及ぼすのか

子どもの発達を規定するプロセスに注目したベルスキーは，夫婦関係，仕事要因，社会的ネットワークなど，家族の置かれた状況がペアレンティングに影響を及ぼすととらえた生態学的モデルを提示している。図2-4は，保護者がこれまで生きてきた人生（生育歴）がパーソナリティのあり方という精神面に影響を及ぼし，さらに保護者のパーソナリティだけでなく，夫婦関係，仕事要因，社会的ネットワーク，子どもの特徴がペアレンティングの機能に影響を及

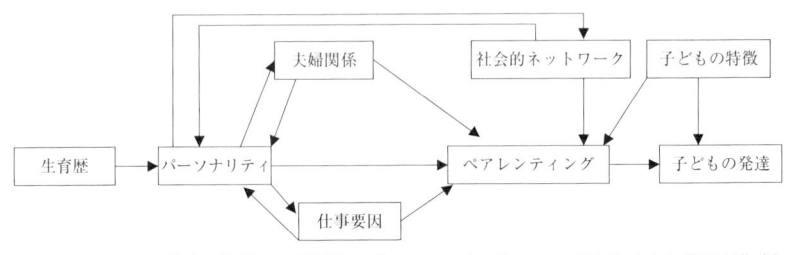

図2-4　子どもの発達を規定する要因間のプロセスモデル（Belsky, 1984をもとに筆者が作成）

2節 養育者どうしの協力と調整（コペアレンティング）

ぼすことを示している。ペアレンティングの機能には，親自身の要因だけでなく，仕事や夫婦関係，社会的ネットワーク・子ども要因が関連すると考えられている。ペアレンティングの規定要因を重視したモデルである。子どもの発達の姿がペアレンティングを変えるような影響性はとらえられていない。

実際には，保育現場での子どもの活動のようすや成長の姿を保護者に伝えることによって，子どもの見方が変化することもある。保育相談支援を考えるために，両親によるコペアレンティングのあり方と子どもの集団場面での発達の姿との関連について図2-5に一例として示す。

ここではコペアレンティングの構造は，母親の育児不安，実際の養育行動，母子の関係性，父親役割の認識，育児参加量，父子関係でとらえられるとしている。このコペアレンティングは，活用できる子育て支援，仕事要因，夫婦関係，育児ニーズ（子どもに手がかかるかどうか），子どもの特徴などが関連し，集団場面の子どもの発達の姿がコペアレンティングに影響を与えるととらえている。たとえば父子関係がうまくいかない場合には，保育場面での状況を伝えて父親に子どもの理解を深めてもらったり，育児参加や父親役割の重要性について学ぶ機会を増やし，夫婦間の協力や調整ができるよう支援するなどの働きかけが効果的であろう。より実践的で多様な対応の可能性も考えられる。さらに仕事要因については，職場における上司や同僚のワーク・ライフ・バランスの認識を高める啓発活動の必要性が示唆される。そういった多様な支援が子どもの集団場面での発達の姿と相互に関連して，保護者を支えることになる。

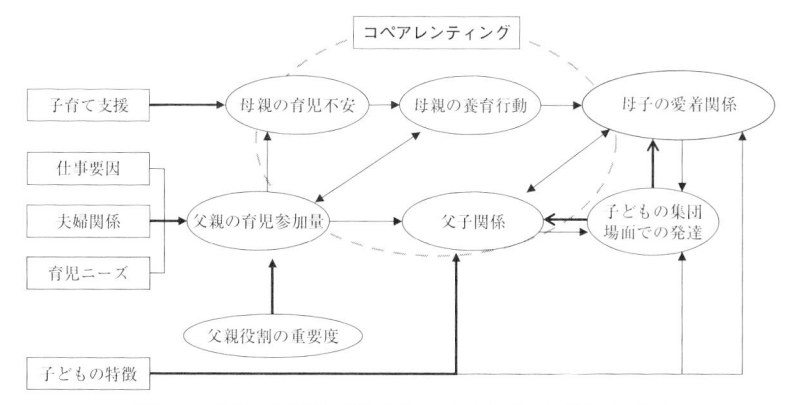

図2-5　子どもの発達を規定するコペアレンティングのプロセス

実際の保育相談では，子ども要因だけでなく，保護者のメンタルヘルスに配慮する必要があり，保護者の内面にふれる可能性は否定できない。そのため，要因相互の関連について学んでおく必要はあるだろう。

2──父親のペアレンティング

父親の育児参加は，「仕事による時間的制約が長いこと」「夫婦間の性別役割分業の程度が著しいこと」「育児ニーズが低い（子どもが少ない，年齢が高い）こと」で減少すると考えられてきた。しかし，最近では，父親としての役割を重視している人ほど，育児参加量は増え，ワーク・ライフ・バランスに対する職場や上司の理解，勤務体制のあり方，夫婦間の調整の頻度なども育児参加に影響するものと考えられるようになってきた。

実際に未就園児を抱えた父親にたずねてみると「自我が芽ばえた子どもにどうつきあえばいいのかわからない」「対応のむずかしさはこのまま続くのか，時期がくればなくなるのか」という疑問や「物理的に家事や育児を手伝うことはできるが，妻の思うようにやっていくのは，育ってきた環境も考え方も違っているために互いにストレスになりがち」という意見など，父子関係やコペアレンティングのむずかしさが語られる。経済の低迷が続いている一方で，30～40代の働き盛りの仕事量は多く，労働時間は長くなり，負担感や責任の重さは増している。こうした要因に加え，他にも父親のペアレンティングには，さまざまな要因が絡まっている。したがって，子どもの成長のようすや見通しを母親に伝えたり，育児関与の必要性や子どもの気持ちを代弁することによって，父親の仕事と育児の両立に一役かっていることを保育者は認識する必要がある。

3──母親のペアレンティング

用事で子どもを預けたいときに預かってくれる人がいること，気軽に相談できる相手がいるなど，支援の手が活用でき，父親の育児参加が多いことによって，母親の育児不安は低まり，子どもへの適切な養育行動が増えると考えられている。また子どもが母親への情緒的絆を形成するということが，人への信頼感を形成する基本になるという愛着理論（Bowlby, 1976）によると，子どもの愛着対象として母親は重要である。愛着対象とは，子どもが不安やストレス

を感じたときに保護を求め、安心が得られる対象のことである。このような愛着対象との関係が良好であれば、子どもの探索行動は活発化し、人への信頼関係がはぐくまれることになる。

母親のペアレンティングは、育児不安、実際の養育行動、子どもとの愛着関係などで構成されるが、子育て支援、父親による育児参加、夫婦関係なども関連している。反対に、父親がかかわることで役割が競合するため、かえって育児不安が高まる事例もみられる。したがって、両親どうしの協力や調整を考慮し、慎重に対応することが求められる。

3節 保育相談支援への示唆

日本では育児の社会化にともない、母親による育児だけでなく、コペアレンティング、保育にあたる人々との協力や調整の視点が必要になっていると考えられる。図2-5のようにコペアレンティングの概念を取り入れたモデルでは、子どもの発達との関連をプロセスで説明することができる。幼稚園や保育所などの集団場面での適応は、多くの要因によって影響を受けていることが理解できるだろう。つまり、コペアレンティングのうち親子関係は直接的に子どもに影響するようにみえるが、実は複雑な要因が絡み合っていることに配慮すべきなのである。保護者が子どもの感情に適切に対応すること、たとえば機嫌の悪い理由を理解したり、ぐずったときにいろいろな方略を用いて子どもの気持ちを汲んでかかわれるなど、一人ひとりの子どもの特徴や個性に合わせて対応できるためには、保護者を取り巻く環境、夫婦関係、仕事要因、社会的ネットワーク、子どもの特徴などの要因が影響していると考える必要がある。

子どもが保護者との安定した関係を築くことによって、子どもどうしの交流が促進されると考えることもできる。一方、保育者が集団場面での子どもの発達状況を保護者に伝えることで、子どもに対する保護者の評価は高まる。このようなよい循環によって保育の質は高められ、子どもの発達は促進され、保護者の効力感も高まり、親役割の重要性が認識されるという相乗効果が期待できるであろう。父親の育児参加を促進したり、育児不安を低減させる可能性も考えられるのである。子育てという営みをとおして、外部領域とのかかわりを深

めることは社会的ネットワークを広げることである。保護者とともに子どもの成長を実感するためには，子どもの縦断的変化を視野に入れた支援も必要なのである。

演習2　父親の子育て，母親の子育てについて考えよう

1．保育相談の背景となる現代の日本の子育ての特徴について，あなたのまわりで目にする母親の育児，父親の育児についてグループで話し合ってみよう。話し合ったことを整理して，日本の子育ての長所と短所を整理してみよう。

> 日本の育児について考える際に参考になる本

- 牧野カツコ・渡辺秀樹・船橋惠子・中野洋恵（編）『国際比較にみる世界の家族と子育て』ミネルヴァ書房　2010年
    家庭教育に関する国際比較調査を1995年と2005年に実施し，日本の育児の特徴を明らかにした本。国際比較をすることによって，韓国，タイ，アメリカ，フランス，スウェーデンの育児に学びながら，これからの日本社会が取り組まなければならない方向性を明らかにする。
- 大日向雅美『「子育て支援が親をダメにする」なんて言わせない』岩波書店　2002年
- 渡辺秀樹『変容する家族と子ども─家族は子どもにとっての資源か』教育出版　1999年

> 現代の子育てと保育との関連について学ぶことができる本

- 土谷みち子『子どもと社会の未来を支える家族援助論』青鞜社　2008年
    子どもと家族の現場から，発達援助をベースに，保育臨床的視点からまとめられている。事例をあげ，子どもと家族の現状と課題を具体的にわかりやすく描いている。
- 中野由美子・土谷みち子（編）『21世紀の親子支援─保育者へのメッセージ』1999年
    預かるだけの支援は本来の親子が育つ支援になっていないことを指摘し，親子関係を円滑に営み，親子が自立して自信をもって子育てできるような育児支援を提示している。

2．本章に示したとおり，園や保育所以外で子どもが遊ぶ相手は，ほとんどが母親である。子どもどうしで遊ぶ機会が減少しているために，子どもが初めて集団を経験する際に親子はさまざまなとまどいを感じると考えられる。保育者は，子どもや保護者に対して適切な対応をするために，どのように保護者と連携すればよいのかについて考えてみよう。また，下記の例をもとに保育者と保護者の役を演じてみよう。

> 「子どもの友だちへの乱暴な行動や攻撃」について悩んでいるようすで母親が保育者に話し始めました。「なんでもないことなのに，友だちをぎゅうっとつかんだり，泣かせたり，手を出して乱暴なことをしたりします。私はハラハラドキドキで，目も手も離せません。子どもは，慣れない友だちや場所だと，勝手がわからず，お友だちの反応を見ているようですが…」と母親は子どもどうしの関係づくりを願ってはいますが，途方にくれているようすです。「マイペースを崩さず，パワー全開の子どもとのつきあい方がよくわかりません」と親子で煮詰まってしまい，家庭だけでは解決できないようすです。

この例では，子どもが友だちとうまく関係づくりができず，親子関係までぎくしゃくしているようすが表現されている。次の課題に取り組んでみよう。
① 2人1組になり，ひとりは保育者の役割を演じて「おうちではいかがですか？」から始めてみよう。もうひとりは家庭での子どものようすを想定したうえで，保護者の役を演じてみよう。
② 家庭生活における子どもは，保育所や幼稚園など一日の流れや約束ごとのある集団に参加したときにどのようなとまどいを感じるか，場面による違いについて子どもの目線に立って話し合ってみよう。

保育所における保護者への心理臨床的かかわりを知ることができる本

▶馬場禮子・青木紀久代（編）『保育に生かす心理臨床』ミネルヴァ書房　2002年
　現代の子どもと家庭が抱えている問題を取り上げ，心理臨床の立場から保育の現場で対応できる力をつける。心の発達に関する基礎知識，子どもの心と親子関係，発達との関連，親子を支える保育者の心理臨床的かかわりについて連携を取り上げている。

第3章
子どもの育ちと園での経験

　乳幼児期は，心と身体が著しく発達する時期である。保育者は，子どもの発達の特性を理解し，子どもの状態を把握しながら，適切な発達援助を行なうことが求められる。本章では園での子どもの育ちを中心に，乳幼児期の発達の特性について概説していく。

1節 子どもの心身の発達—乳幼児期の発達の特性

　保育所保育指針解説書（2008）では，「第2章 子どもの発達」において乳幼児期の発達の特性を，(1)人への信頼感が育つ，(2)環境へのかかわり，(3)子どもどうしのかかわり，(4)発達の個人差，(5)遊びをとおして育つ，(6)生きる力の基礎を培うという観点からまとめている。以下では，この項目に沿って乳幼児期の発達の特性と保育者のかかわりについて簡単に解説していく。

1——人への信頼感が育つ

　赤ちゃんは，生後3か月ごろまでは，相手を区別してかかわることはあまりないが，しだいにいつもいっしょにいる人と，そうでない人を区別できるようになり，いつも自分の世話をしてくれる特定の対象（養育者，多くの場合は親に対してほほえみかけたり，親からの声かけで泣きやんだりするようになる。

さらに生後6か月を過ぎ、はいはいや伝い歩き、歩行ができるようになり、自分の力で自由に移動できるようになると、親との関係にも変化が生じる。この時期の子どもにとっては、親が近くにいることや目の前にいること（物理的近接）が安心の源となる。そのため、親が自分の前から離れて行ってしまうと、親のあとを追いかけたり（後追い）、不安を感じて泣いたり（分離不安）といった行動が顕著にみられるようになる。一方で、見知らぬ人に対しての「人見知り」もみられるようになる。

またこの時期、歩くことができるようになるため、自分のまわりにあるものや人などに興味もって、みずから積極的に探索するようになる。その際にも、安定した雰囲気のなか、親に見守られている安心感のもとで、探索行動を行ない、不安を感じたりしたときにはすぐに親元にもどり安心感を得て、さらに探索を続けるという行動（安全基地行動）がみられる。

このような特定の対象との間に形成される情動的な絆を愛着とよぶ。そして子どもと特定の対象との間に形成される安心感や信頼感は、その後のまわりの人に対する基本的な信頼感の基礎となるものである。乳児期から子どもを預かる保育所においても、子どもが安心して保育所で過ごすことができるように、子どもとの間に信頼関係を結ぶことが不可欠である。保育者がはじめに子どもと出会うときは、たんなる知らない大人である。そこからこの人といっしょにいると安心できる、何かあったらこの人は自分を助けてくれるといった信頼感を形成していく必要がある。そのためには、子どもの生活のリズムを把握し、それに合わせること、暖かなまなざしや言葉かけをとおして、安定した雰囲気のなかで生活をすること、笑顔で抱きしめるなどの暖かなかかわりを積み重ねることがたいせつである。保育者を心のよりどころとして、子どもは徐々に関心の対象を広げていき、さまざまな出会いや体験を重ねていくのである。

2 ── 環境へのかかわり

子どもは、みずから主体的に環境にかかわることによって、心身の発達がうながされる。環境へのかかわりにおいては、興味や関心をもって、自発的にかかわろうとする意欲や態度が重要である。前項で述べたように、子どもの積極的な探索行動は、安心感、安定感に支えられていることを忘れてはならない。

加えて，環境側の要因も考慮すべきである。子どもが興味や関心をもち，かかわってみたくなる環境であることが重要である。保育者は子どもにとって魅力的な環境を構成するとともに，子どもが主体的にかかわろうとする姿を見守り，ゆったりと構えて待つことが求められる。

3──子どもどうしのかかわり

　子どもは大人との安定した関係を土台にして，子どもどうしでのかかわり合いをもつようになる。保育現場においても，保育者とのかかわりをベースにして，同年代の子どもどうしとのかかわりをもつようになる。乳児どうしでも互いに関心を示す姿がみられ，2歳ごろになるとおもちゃを取り合ったり，仲間に自己主張をしたりするようになり，意見のぶつかり合いやいざこざを経験することになる。子どもは，いざこざをとおして，自分と他者の思いや考えが異なることに気づいていく。その際，保育者は，子どもに自分や他者の気持ちや思いに気づかせるようなかかわり，具体的には子どもの気持ちを代弁したり，共感したりすることが重要である。さらに子どもは，自己と他者のイメージや思いを合わせることを学んでいく。子どもどうしで相談をしたり，新たな提案をしたりしながら，お互いの思いを調整していくことができるようになる。この場合も，保育者がいざこざを仲裁したり，意見を調整したりすることを見て学ぶという経験がもとになっているといえる。

　子どもどうしのやりとりのなかでは，必要なときにはしっかりと自分の意見を主張し，順番やルールを守るなど抑えるべきところは抑えるというような，自己主張と自己抑制をバランスよく発揮することがたいせつである。幼児期は，自己制御や感情のコントロールの力が育っていく時期であり，子どもどうしのかかわりのなかでそれらの発達がうながされる。さらには，よいこと悪いことを判断することや，ルールを守ろうとする気持ちといった，道徳性や規範意識の芽ばえも，子どもどうしのかかわりのなかで培われていく。

4──発達の個人差

　各年齢時期の特徴といった乳幼児期の発達の特性を理解すると同時に，子ども一人ひとりの発達をとらえていく必要がある。乳幼児期は，子どもの生育環

境の違いなどにより，心身の発達の個人差が大きい時期である。園に入ってくるまでの家庭での生活，現在家庭でどのように過ごしているかなど，家庭とのつながりのなかで，その子の発達をとらえていくことがたいせつである。

5 ── 遊びをとおして育つ

　乳幼児の生活の中心は遊びである。乳児期の遊びは，運動や感覚遊び，ものの機能を用いた遊び（もてあそび）が中心であるが，イメージする力の出現とともに，見立てやごっこ遊びを楽しむようになる。さらに幼児期後半には，ルールのある遊びに楽しさを感じるようになる。また遊びをとおして仲間関係をはぐくみ，友だちといっしょに活動する楽しさを経験し，仲間意識が芽ばえていく。

　2009（平成21）年施行の幼稚園教育要領の第1章総則には，「幼児の自発的な活動としての遊びは，心身の調和のとれた発達の基礎を培う重要な学習である」と明記されている。つまり幼児にとって，遊びはたんなる遊びではなく，重要な学習であるのだ。とくに幼児教育において，遊びは生活から切り離すことのできないものであり，総合的なものととらえられている。

6 ── 生きる力の基礎が培われる

　乳幼児期に，生涯にわたって生きていくために必要な力を培うためには，身体が触れ合うかかわり（スキンシップ）をとおして心地よさを味わうことが重要である。また十分に身体感覚をはたらかせることで，感性や好奇心，探究心，思考力が培われる。そしてこれらの力は，その後の生活や学びにつながっていく。そういう意味でも，乳幼児期は，遊びや生活をとおして，生きる力の基礎を養っているのである。

　以上のように6つの観点から，乳幼児期の発達の特性を述べてきた。園における発達という点から，ここで重視されているのは，保育者との安心感，信頼感の形成であり，それがベースとなり，子どもは主体的にさまざまな力を発揮できるようになるといえるだろう。さらに次節では，園と家庭とを比較して，その特徴について考えていきたい。

2節 園での生活と家庭での生活

1 ── 園と家庭の違い

　生まれてからおもに家庭で過ごしていた子どもは，保育所や幼稚園への入園によって，家庭での生活に加えて，園での集団生活という，新たな生活経験が増えていく。保育時間の長い子どもにとっては，生活の一部というより生活の大半を園で過ごすということになる。ここでは，園での生活と家庭での生活における相違点を，人的環境，物的環境という観点から考えてみよう。

(1) 家庭には親（保護者）がいる，園には親がいない

　家庭と園の違いを考えるうえで，まず重要なのは，愛着対象である親の存在である。生まれてから親といっしょに過ごしてきた子どもにとって，入園することは，初めて親から離れて過ごす経験となる場合が多い。また1節で述べたように，親のそばにいることが安心の源となっているため，親から離れることは大きな不安となり，親がいない園生活というのは，非常に不安をともなうものである。

(2) 園にはわたしの先生，みんなの先生がいる

　園には，親はいないけれども，先生（保育者）がいる。子どもにとって，園生活における心のよりどころ，安心の源としての保育者の存在が不可欠である。まずは1対1の関係のなかで，わたしの先生として信頼関係を結んでいくことがたいせつである。仲間意識やクラス意識が生まれてくると，わたしの先生はみんなの先生，クラスの先生という理解ができるようになっていく。

(3) 家庭では家族が単位，園では同年代の集団が単位

　家庭での生活においては，きょうだいが少ない子どもや一人っ子などは，大人ばかりのなかで生活している場合が多い。一方で園は，同年代の子どもたちの集団が生活の単位となる。大人のなかで生活している場合は，子どものまわりにいる大人が気持ちを汲み取ってくれたり，子どもの自己主張を受け入れてくれたりする機会が多い。しかし同年代の子どもどうしのかかわりでは，相手の気持ちを推察したり，自分の気持ちを調整したりする力が未熟なため，なかなかむずかしいことである。とくに自分と他者の思いや考えが異なる場合は，

その違いに気づき，ズレを合わせていくことが必要となる。子どもは意見の食い違いや，ぶつかり合いなどを経験し，それを積み重ねることで，他者とのかかわりについてのスキルを身につけていくのである。

また近年，同年齢のクラス構成ではなく，異年齢クラスや異年齢活動も増えている。擬似的なきょうだい関係を取り入れることで，年長の子どもが年下の子どもたちのあこがれのモデルとなり，また年長の子どもが年下の子どもの世話を積極的に行なうなど，異年齢が互いに影響し合う関係を形成し，同年齢のグループでは得られない経験を積むことが可能となる。

(4) 園のものはみんなのもの

物的環境面での特徴としては，園舎の構造や園庭，遊具など，家庭とは異なる点が当然のことながら多数ある。それら園のもの，たとえば園庭の固定遊具（ブランコや滑り台）や，教室内にあるおもちゃ（積み木やおままごと道具）などは，そもそも家庭にはない，あるいは家庭にあるものと異なるというだけでなく，園にあるものは個人のものではなく，園のみんなのものであるというルールをともなっている。みんなのものであるから，子どもが独り占めしてはならない。だからこそ子どもたちは，友だちと順番や交代で使うこと，譲り合うことを経験する。またみんなのものをたいせつに使うという気持ちが育ち，公共心を学ぶ機会にもなる。

2──園生活と家庭生活の連続性をたいせつに

ここまでは園生活と家庭生活の違いについて述べたが，違いを強調するのではなく，連続性もたいせつにしていきたい。園も家庭も同じ子どもが過ごす場である。その場があまりにも乖離していると，子どもにとって混乱を招くことになる。過ごす時間，いっしょに過ごす人の数など違いがあるのは当然であるが，園も家庭も，子どもにとって信頼できる人がいる，安全で安心した場でなければならない。また自分の力を十分に発揮できる場であるべきである。そのために保育者と保護者は，互いに信頼し合い，子どもについて共通の理解がされていることが必要であろう。次節では，保育者と保護者の信頼関係について考えていきたい。

③節 子どもの成長の喜びの共有

1——保育者と保護者の信頼関係をつくる

　保育者と保護者との間で，子どもの育ちや成長についての理解を深め，喜びを共有するためには，両者の間に信頼関係が形成されていることが不可欠である。子どもが保育者に対して感じているような安心感を，保護者にも感じてもらうためにはどうしたらよいのだろうか。以下では，師岡（2010）の著書から，保育者と保護者が双方の子どもに対する思いにズレがみられる事例を取り上げ，信頼関係の形成のために必要な手立てを考えてみよう。

　とある保育者どうしの勉強会で，3歳児クラスの担当する保育者からクラスのなかに登園を渋る子どもがいるという悩みがあげられた。「登園時，激しく泣いて母親から離れない。親も離そうとせず，時には登園をあきらめ，そのまま家に帰ってしまうこともある。登園し，親から離れればなんとかなるであろうに，そのことをわかってもらえない。親と何度か話しをしたが，聞く耳をもたない。どうしたらこの親を変えられるだろうか」という内容である。保育者は，親が変わらないから，子どもがなかなか慣れないのだと考えている。

　しかしこの状況を，親の立場から考えてみると，違った状況がみえてくる。「わが子と離れられないのは，あまりにも激しく泣くからであり，それ以外に理由はない。それだけ登園を嫌がる理由は，園生活が楽しくないからであろう。保育者の対応も不十分なのかもしれない。親としては離したいが，こんなに嫌がるわが子を突き放す勇気はもてない」と思っているのではないだろうか。

　さらに泣いているのは登園時だけではないという。お迎えのときも，親の顔を見ると泣き出す。つまり登園時も降園時も泣いており，親からすれば，園で見るわが子の姿は，泣いた状態しか知らないのである。このような状況は，園に初めてわが子を預ける親からすれば，不安をもつのもあたりまえである。もちろん，親から離れ，少し落ち着けば，自分なりに遊び出す姿もあるそうだが，そうした姿を見ていない親からすれば，にわかに信じがたいだろう。

　このようなボタンのかけ違いともいえる状況では，保護者が不安を抱くだけにとどまらず，園や保育者に不信感を募らせるケースも多い。こんな状況で保

育者が保護者をまず変えたいといった姿勢では，事態はなかなか改善していかない。ではどのように改善したらよいだろうか。

ポイントは，保護者ではなく，子どものほうを変えていくということであろう。具体的には，保育者の子どもへのかかわりを意識して変えていくこと，子どものようすをていねいに保護者に伝えていくということがあげられる。登園時は無理でも降園時は笑顔で再会できるようにすることを目標として，「降園時，その子と手をつなぎ，出迎える保護者のもとに行くようにする」「保育中も個別的な対応を重ね，保護者には楽しく遊んだ姿を具体的に伝える」「いっしょに折り紙などを楽しんだ場合は，その作品を見せながら「先生といっしょにつくったんだよねと話す」」などの対応していった。さらに「明日は何をやろうって，約束したんだっけ？」と保護者の前でやりとりして，子どもの口から「明日も折り紙，いっしょにやる」などと話させることもうながした。子ども自身が保育者といっしょにいることで安心感を得ていること，園での生活を楽しんでいること，次の日への期待をもって降園していることを，子どもといっしょに，保育者と子ども自身の言葉で伝えていったのである。

実際にこうした対応をあきらめず，ていねいに行なった結果，保護者もしだいに登園時のかかわり方が変わってきた。泣いていても保育者に預け，だっこしてもらい，その場を離れることもできるようになったという。子どもが少しずつ変化するようすを目の当たりにしたことが，保育者を信頼することにつながり，かかわり方の変化もうながしたといえるだろう。

2 ── 子どもの成長の喜びを共有するために

この事例から保護者は，園での子どもの姿を非常に限られた場面（たとえば登園時や降園時）でしか知る機会がないということに気づかされる。その限られた場面での理解が正確ではなかったり，保育者の思いとズレていたりする場合も往々にしてあるだろう。また日中の園でのようすは，保育者が保護者に伝えなければ，なかなか伝わらないということになる。保育園での子どもの成長の喜びや楽しさを共有するためには，保育者と保護者の間に信頼関係が結ばれていることがベースとなるわけだが，その信頼関係をつくり上げるためには，保育者は，保護者に対して，園での子どものようす（その多くは保護者が知ら

ないこと）をていねいに伝えていくことが必要なのである。とはいえ，そのような時間がとれるのは，送迎時の短い時間しかないかもしれない。直接話す機会がなかなかもてず，連絡帳をとおして，文章で伝えることが中心となるかもしれない。しかし，そのような機会を十分に活かして伝えていかねばならないのである。

また保護者が，園での子どもを知る機会を増やすような取り組みをしていくという方向性もあるだろう。たとえば，保護者が日中の保育に子どもといっしょに参加するという機会（保育参加）を設けることで，日中の生き生きとした子どものようすを理解することができるだろう。

3 ── 保護者が子どもの成長の喜びに出会える保育をめざして

村田（2001）は「保護者を成長の喜びに向き合わせる保育」と題して，保護者が子どもの成長の喜びに出会える保育実践をめざす保育者たちの声を紹介している。以下にその内容の一部を載せる。

> 私は今まで保護者に対して，子育ての楽しみを奪っていたように感じている部分もあったので，それを保護者にも返していけるような工夫ができないかと考えているところです。（略）乳児など小さい子どもであればとくにそうですが，保育園での生活時間が長いので，初めて立ったとか，歩いたといった場面を，どうしても保育士が保護者よりも先に見てしまうこともあります。そのとき，「きょうは歩きました」とか「立ちました」と，そのまま伝えていたんですね。でも，その場は一緒に喜んでくれるかもしれませんが，保護者の立場に立って考えてみると，自分より先に先生が子どもの成長の瞬間を知っているのだと思い，私たちが感じた喜びよりも小さくなってしまうのではないかと思ったのです。そこで，たとえば「今日は立ちそうな感じだったけれども，お家でお母さんやってみて」と，お母さんもその喜びを感じられるような伝え方にしてみたのです。またそういうことを心がけたいなと思っています。
> 　　　　　　　　　　　　　　　　　　　　　　　　　　　　　　　　（村田，2001）

この保育者の考え方や保育実践は，保育者と保護者との間で子どもの成長の喜びの共有をめざすことを超えて，保護者が子どもの成長の喜びに出会えることをめざしている点で，非常に深い意味がある。保護者に子どもの成長の喜びを実感してもらうためには，保育者が子どもの成長や発達のようすを事務的に正確に伝えることや，保育者側の思いを一方的に伝えることでは，望ましい対応とはいえないのである。保護者自身が子どもの成長を発見し，親としての自然な感動に実際に出会えるように親に返していくような対応が必要とされる。

しかし，このような点で保護者の立場を思いやることは，なかなか意識されないことかもしれない。さらに，保護者たちが子どもの成長を実感できるように支援するだけでなく，保護者が育児に喜びを感じ，子どものかわいらしさや，子どものよさを実感してもらうことも，保育者が担うべき育児支援のひとつといえるだろう。このように保育者と保護者が子どもの成長や育児に対する思いを共有していくことは，保育者と保護者の信頼関係をさらに強めてくれるだろう。

演習3　保育場面の観察から子どもの育ちについて考えよう

1．保育場面のビデオを見て，園と家庭との違いについて，下記の視点からまとめてみよう（保育場面が撮影されたビデオは，教材用に市販されているもの，あるいは実際の園でのようすを撮影したものでもよい）。

①場面を決め，映像を細かく見て，その場にあるものをすべて書き出す。
②子どもと保育者，子どもどうしのやりとりに注目して，そのやりとりを文字に書き起こす練習をする。
③園の環境や保育者や子どものやりとりから，園での生活の特徴と，家庭での生活との違いについて，気づいたことをまとめる。

参考となる資料
○神長美津子・小田　豊（解説・監修）『3年間の保育記録』岩波映像株式会社　2005年
　一人の子どもの入園から卒園までの3年間の成長と保育の実際を記録したビデオ。園生活における保育者の存在，子どもどうしの関係の重要性を，一人の子どもの育ちを通じて学ぶことができる。
○柴山真琴『子どもエスノグラフィー入門─技法の基礎から活用まで』新曜社　2006年

2．保育関連の学術雑誌（保育学研究など）から，保育場面の観察をもとに書かれた論文（事例研究）を探して読んでみよう。事例をじっくりと読み，論文の主題に沿って，園における子どもの育ちについて，自分の考えをまとめてみよう。

○中島寿子　「子どもが他者に見せたい自分についての一考察─保育所1・2歳児クラスにおける参加観察から」　保育学研究，43(2)，135-147．2005年
　子どもたちと園生活をともにしていると，「みて」「みてて」と呼びかけられることがよくある。この論文は，私という意識が芽ばえ，「見られる自分」

を意識し始めるとされる2歳前後の子どもたちを対象として，他者に対して自分を見てもらうような呼びかけ（提示的呼びかけ）に焦点をあて，保育所において参加観察を行ない，どのような場面で，どのような他者に対して，どのようなモノや行為を見せようとするのか，そこにはどのような子どもたちの自己の意識がうかがえるのかを考察している。以下の事例から，子どもは他者に対してどんな自分を見せようとしているのか考察してみよう。

【事例1　A男（3歳6か月）　おやつ】
　A男は半分ほど食べたクラッカーを私に見せて「みて，ママのくるま」と言い，テーブルの上で走るように動かす（車の形に見えたことをおもしろく感じたらしい）。それを聞いてか，K男は自分が食べた後のクラッカーを「かいだんみたい」と言うので，私が「段々になってるね」と言う。すると，J子が自分のクラッカーを差し出し「みて，ふねみたい，Aちゃん」と言う。

○都筑郁子・上田淑子　「子ども同士のトラブルに対する3歳児のかかわり方の発達的変化―1年間の保育記録とビデオ記録にもとづく実践的事例研究」　保育学研究，47(1), 22-30. 2009年

　幼稚園3歳児の1年間の日々の保育記録および保育実践ビデオ記録をもとに，子どもどうしのトラブル場面での周囲の子どものかかわり方を分析している。この論文の特徴は，トラブルを起こした当事者ではなく，周囲の子どものかかわりに焦点をあてていることである。1年間の観察によって，傍観的態度（事例2のC子）から，トラブル当事者へかかわろうとする態度（事例3のO男）へ変化していくことが明らかになっている（以下の事例は，本文献より一部抜粋）。

【事例2（7月）】
　園庭で，A男とB男がつかみ合いになっていた。保育者と補助保育者が止めに入り，保育者が中心となって事情を聞いていく。
C子：そばでトラブルのようすをじっと見ている。

【事例3（12月）】
　青いブロックの取り合いからA男とB男が争いになる。A男が大声で泣き，補助保育者が仲裁に入る。
O男：少し離れた場所で，じっとようすを見る。青いブロックを探し，それを手に持って2人のもとに行き，「まだある」と言いながらブロックを補助保育者に手渡す。その後，その場から離れていく。

第Ⅱ部

園における保育相談支援の取り組み

　保育現場における実際の相談支援は，どのように行なわれているのだろうか？　ここでは，保育者の日々の相談支援の取り組みについて，事例を含めてより具体的に学んでいく。

　まず，保育者の役割と専門性を活かした保護者とのかかわりや園における相談，また巡回相談などの他機関との連携・協働といった支援の実際について学んでみよう。さらにこうした視点を踏まえたうえで，発達の遅れなどの気になる子どもや，虐待の問題などに対する理解を深め，専門的かつ，個別の対応が必要な支援についても考えてみよう。

第4章 園における保育相談

　子育て支援策が十分に機能していない現状に対して，国は待機児童の解消に向けた対策や子育てに悩む親支援策の強化に乗り出した。地域の幼稚園は幼児教育センターとして，保育所（園）は子育て支援センターとしての体制を次つぎと整備し，新設保育所の拡大や開所時間を広げ，地域でだれもが必要なときに，すぐに子どもを預けたり，気軽に子育ての相談が受けられたりするよう，社会整備が進められている。

1節　保育者の役割と子育て相談

1——保育者の役割

　幼稚園と保育所では，幼稚園では教諭が，保育所では保育士が子どもの保育を担っている。どちらも，子どもを「保育」することは第1の職務とされているが，保育者とは，子どもが園と家庭との循環のなかで望ましい発達を遂げていく過程を支えていくものであり，当然，家庭支援という大きな役割もあることを，自覚しておく必要がある。

　今日，育児をしながら働く女性の社会進出が増加するなか，0歳から2歳までの子どもで，保育所に入所できず家庭で待機している，いわゆる待機児童が

3万人近くにのぼっている。幼児を保育する施設では、待機児童の解消に向けて保育機能の多様化が求められている。また施設の増設や対象児の拡大、保育時間の拡張、そして子育て相談への対応などの取り組みが進められている。

　子育てを支援する保育者は、保育そのものの専門性を高めるとともに、子育てに悩む保護者に対して相手の立場にたって親身に相談に応ずることのできるよき相談者となることが求められる。

2── 保育者の専門性と子育て相談

(1) 保育者の専門性

　近年、保育の現場では、保育に関する知識や、保育技能の向上に向けた取り組みが行なわれ、自己の資質について分析し、今まで以上に広い専門性を身につけ、従事することが求められている。

　そこで保育者は、幼児が主体的に活動するなかで、幼児期にふさわしい生活を保障し、保育のねらいの実現に向けた環境を用意し、子どもの経験が方向づけられるよう、発達をふまえて、指導や援助を行なうことが求められている。そして、保育者はその過程を記録し省察・評価・反省しながら、明日の環境を再構成する。こうした保育の実態を保育者どうしで共有することが専門性を高めるひとつの学びとなる。

　たとえば、保育の終了後、学年ごとに保育者が集まり、ティームカンファレンスを行ない、互いに気づいたことや、うまくいかなかったことなどを率直に話し合える場を設ける。また職員会議で時間を区切り、子どもの発達や、大きく成長のみられた場面、保育のなかで感動したことなど、個々の子どもの実例をあげながら、保育者どうしが情報を交換したりすることで、学年を超えた園全体での取り組みや育ちが共有される。こうした、保育者どうしが話し合う場において、自分の担当学年だけではなく、他学年の発達やその時期の保育の援助のあり方を学び合うこともできる。日々の保育の話し合いに加えて、時には子どものやりとりを可視化し整理することで、保育を見直し、多様な保育技術を学び、保育者の自信につながっていく。保育のなかで身につけた専門性は、ひとつの自信となって、保護者に向かって力強く発信していくことができるのである。

(2) 日常の保育活動でのくふう

　保育者は，保育実践の場でさまざまな取り組みを行なっている。保育の専門性を高めるために，子どもの一人ひとりの発達過程を把握し，その子がめざす課題に沿った環境を構成し，課題の実現のために時をとらえて援助したり，環境の補助を行なったりして，遊びが継続するようはたらきかけていく。そして，毎日の活動を記録し，明日の保育の環境を再構成していく。ふだん保護者には目にふれることのない地道な記録・反省・評価をくり返し，自己資質を向上させていく。

　そのために，保育者は子ども一人ひとりの観察記録をつけ，その子がどのようなきっかけで大きく成長したかなど，発達の特性を理解し，安全にかつ安定した信頼関係を築きながら保育をすすめていくのである。

　こうした，子ども一人ひとりを把握できる資料をもつことで，はじめて保護者に園での取り組みやその子の発達する姿を伝えていくことができるのである。たとえば，日々の保育をリアルタイムで保護者に伝える手段として，降園の際に，当日の保育の取り組みや子どものようすなどを伝えている例をあげる。

> **事例1　担任が今日の園生活を伝える**
> 　10月12日　5歳児クラス　先生から保護者へ
> 　今日は，園庭のヤマゴボウ（あかまんま）が赤く色づいていたので，みんなで，ヤマゴボウを使って色水遊びをしたり，すり鉢ですりつぶして絵の具にしたりして，外のテラスでお絵かきを楽しみました。指で描く子や小枝の端を石で叩いて柔らかくし，筆にして絵を描くようすがみられました。これが，○○ちゃんが描いた絵です。また，今日から「まっかな秋」をみんなで唄い始めました。今年は秋の訪れが遅く，まだまだ暑いのですが，秋になるころには，しっかり歌えるようになるかと思います。それでは，おかえりにします。お子さんをお呼びしますのでお待ちください。「○○ちゃーん」……

　この事例のように，保育者が今日の取り組みを笑顔で楽しく伝えることは，保護者にとって，その日のわが子の1日の生活を想像し，帰宅する道々で語り合うきっかけとなる。毎日このように園から生活のようすを聞くことは，保護者にとってわが子の成長をともに実感する機会となり，そして，四季の気配を伝えることで，保護者に秋の訪れを感じてもらう機会ともなる。こうしたことは，徒歩通園の幼稚園や保育所での子育て支援のひとつの方法かもしれない。

また，バス通園などの園では，携帯電話のネットワークやインターネットで，その日に撮った写真にキャプション（状況を書き込む）をつけたものを，ライブ配信するなど，子どもが園で過ごす生活をリアルタイムで伝えていくことで，保護者が職場であるいは携帯で情報を受け取り，わが子のようすをかいまみることができる。

(3) 保護者との信頼関係をつくるくふうをする

新学期に，初めてわが子を人の手に預ける保護者は，保育者に対してさまざまな感情を抱く。また，進級にともない担任が変わることのある，クラス替えの時期は，今度の保育者は自分の子をたいせつにしてくれるだろうか，やさしい先生だろうか，神経質な先生のようにみえるけど，怖いヒステリックな先生じゃなければよいけれどなど，とくに不安や心配の募る時期である。保護者どうしの有らぬ噂を真に受け，わが子の保育を心配したりもする。保育者は，新学期に行なわれる保護者会・家庭訪問・個人面談などを通じて，これらの不安へ心を配る必要がある。園の理念や保育者自身の保育方針について，日常の保育（ケアワーク）におけるエピソードをまじえながらていねいに伝えていくことで，保育者が保育の専門家であることが理解され，保護者の安心と信頼を得ることにつながる。

保護者からの相談内容としては，子どもが友だち関係で仲間から意地悪されたことで登園を渋ったり，集団生活のなかで習慣が身についていないのではと心配したり，また，ある年齢に達しているのに１人でできない，言葉が遅い，幼児語が残る，おむつがとれないなどが多く寄せられる。こうした子育ての不安を抱える保護者に対して，信頼関係がしっかりできていない時期に，保育者があれやこれやと子どもの育て方を注意しても，保育者の気持ちはなかなか伝わらないだけでなく，逆に保護者の不安を募らせてしまうこととなる。保護者との信頼関係を築き上げる最も早いコミュニケーションのとり方としては，その子らしいエピソードを適格に伝えていくことである。そして，何よりもたいせつなことは，子どもをたいせつにしている保育者の心を伝えていくことである。

事例２　保護者の信頼を得るコミュニケーション１

降園のときなどに「今日は，Ｆくんは私に，お家でパパといっしょにプロレ

スをした話を聞かせてくれたんですよ！」と，Ｆくんと保育者の具体的なやりとりを伝えていくことで，保護者は，わが子をたいせつにみてもらっていると信頼するのである。

事例3　保護者の信頼を得るコミュニケーション2
　子どもが寂しそうに涙を流したときのエピソードを保護者に伝える場合，「Ｍちゃんの『トーマス』のハンカチで涙を拭いてあげながら，『Ｍちゃん，トーマス好きなんだ，先生今トーマスのご本持ってくるからね』とトーマスの絵本を持ってきていっしょに見ていたら，自分からお話ししてくれるようになったんですよ」と，その子の持ち物まで保育者がよくみているようすをおりまぜて話すことで，保護者は，保育者がわが子のことをしっかり受け止めてくれていると信頼するようになってくるものである。

　こうした保育のなかでの細やかなかかわりを，一人ひとりの保護者にていねいに伝えて接していくことで，信頼感を生み，保育者からの安心を得ることのできるパートナー関係をつくるのである。
　また在園児の保護者以外の，地域で子育てしている親に対しても，園に迎え入れるときには，在園している子どもを扱うのと同様に笑顔で接し，「あなたのパートナーです。いっしょに育てていきましょう」という気持ちを心で伝えていくことが信頼につながる。心で伝えるとは，笑顔で気を配り，相手の思いに寄り添い，言葉や行動で語りかけていくことである。保育者は，保護者がみずからつくり上げていく繊細な心の営みをたいせつにすることである。

2節　園から発信する子育て支援

　近年，保育サービスの一環として，地域で子育てをしている，在園児以外の親を対象に，園庭を開放し，また保育室では，同年齢をもつ親どうしが集まれる，子育て支援事業を展開している園や自治体が増えてきている。
　利用者にとっては，地域に同年齢の子どもを育てる親どうしが集まれる場が提供されることは安心できることである。今すぐに利用しなくても，いつでもあそこに行けば子育てしている人に会えるといった安心感が，間接的ではあるが，子育ての支援となっている場合もある。

第**4**章　園における保育相談

1──子育て支援情報紙の活用

　近年では，地域の子育て支援活動が活発になり，園や保護者たちがつくるサークル活動やネットワークを通じて，子育て支援情報紙を発行しているところもある。多くの園では，園だよりやクラスだより，子育て支援情報紙などにより，子どもの成長する姿や親のかかわり方の手がかりとなる内容を発信し，親の発達理解や子育て支援に活用できるように役立ててもらっている。

　幼稚園では3歳から，保育所では0歳からの発達過程の特徴や具体的な取り組み方，たとえばトイレットトレーニングなどのきめ細やかなかかわり方を伝え，親が安心して子育てができるようサポートすることが大事である。同年代の子どもが自由に遊びに参加できる環境は，親どうしをつなぐ場として，そして，保育の専門家と親が気軽に相談し合える交流の場としてもたいせつである。そのためにも保育の専門家は，知識や技術，保育の見通し，発達過程などを熟知し，理論的な知識ではなく実践的な具体的かかわり方をわかりやすく提供できるように研鑽する必要がある。

2──子育て支援サークルでの相談

　多くの園では，地域子育て支援事業として，0歳から3歳までの乳幼児を対象に，毎月1回から4回あるいは，毎日の午前中を利用し，子育てサークル等を開設している。

　毎日開設している園では，午前中，保育室の空き教室を活用して，在園児との交流を交えて活動を展開し，子育て経験のある保育者が，参加者の相談に対応したりしている。また，毎週水曜日などの午後の時間を使って，1時30分から午後4時ごろまで，園庭を開放したり，保育室内で子育て交流を実施している園もある。呼びかけは口コミであったり，スーパーマーケットの掲示板や駅の情報板，あるいは，自治体が発行する機関誌や保育情報誌，インターネットのホームページなどが活用して周知したりして会員を募り開催している。

　参加費用は無料のところもあるが1回ごとに費用を徴収している園もある。また，年度の始まりに，年間参加する申し込みの費用を1か月単位あるいは年間で徴収しているところもある。内容は，保育室内での自由遊びを中心に，利

用者どうしで情報を交換したり，参加者が製作や手遊びなどをアドバイザーのリードで楽しんだりする。なかには，おやつを提供したり，カルチャー講座などを設けているサークルもあり，だれもが気軽に参加し，ちょっとした子どもの成長を喜び合ったり，悩み相談が行なわれるほか，子育ての先輩からのアドバイスも行なわれている。

3──子育て相談の窓口

(1) 園での相談

　保育所では，2008（平成20）年に改定された保育所保育指針で，第6章に保護者に対する支援体制について明記されている。「保育所に入所している子どもの保護者に対する支援は，子どもの保育との密接な関連の中で，子どもの送迎時の対応，相談や助言，連絡や通信，会合や行事など様々な機会を活用して行うこと」とある。また地域における子育て支援に対しては，保育に支障がない限りにおいて，支援を積極的に行なうよう求めている。とくに子育て家庭に対する保育所の機能の開放（施設設備の開放・体験保育）は，全国的に行なわれている。こうした支援対策が充実し始めているなかで，いつでもだれもが相談を受けられるようになってきている。

　しかし，保護者からすれば，「いつでも，気軽に相談して下さい」などと書かれた広報誌や案内書をみても，どのように手続きをすればよいのかさえわからない，という保育者も少なくない。子育てに悩む保護者は，自分の悩みをどこで相談したらよいかに迷うのである。園か，地域の子育て支援センターか，それとも保健所か，あるいは病院かなど，相談窓口を迷い探しているのである。

　では，実際に保護者はどのような手続きで育児相談を受けているだろうか。ある園の子育て相談手続きについて紹介する。まず，相談を希望する保護者は，園に申し込みをし，園ではその内容にふさわしい相談員に依頼し，日程を調整して実施する。幼稚園の場合は，在園児であれば，保護者は，直接子どもの担任や園の窓口に相談しに来ることが多いが，在園児以外の地域で子育ての相談を希望する保護者などは，園で開催する行事や子育てサークルなどの機会に相談に訪れるケースも多い。

　また新たに入園してくる子どもにも，気になる行動を示すケースが多くみら

れるようになってきている。さらに，核家族化が進むにつれ，身近な子育てに関する相談も多くなっており，母親が病気になったときどうしたらよいか，子どもをどこで安全に遊ばせればよいかなど現実的な相談もよくある。このような質問に関しては園で対応し，具体的なアドバイスとともに保護者の次の相談も引き受けられる関係をつくっていく。

(2) 専門家への紹介

　園で対応しきれない子育て相談については，保育所の場合は，自治体から派遣される育児相談員や，巡回相談で臨床心理士が応じたりしている（第5章参照）。また幼稚園では，園長や育児経験のある熟達の保育者などが相談に対応したり，園内研修などで指導を担当する有識者で，とくに保育に精通している大学教員などが育児相談に応じたりしているのが実情である。これらの子育て支援における育児相談体制は，現在自治体によりさまざまである。

　園での子育ての相談も，年々相談内容が多様化しており，園の保育者だけでは対応しきれない問題も多くなってきている。なかでも，少し気になる子どもの行動に関する相談，障害の有無がはっきりしない微妙な行動を示す相談などに対してはとくに配慮が必要である。保育現場では，このようなケースが増加している。

　また，身体的な障害や知的障害などを抱える子どもについての相談も増えており，社会全体での支援態勢が待たれるところである。

　こうした障害などに対する諸問題は，保育者では知識や経験が少なく，親身になって相談に応ずることがむずかしく，大学に依頼したり，知り合いの専門家や自治体に依頼し相談員の派遣をお願いする場合が多い。しかし，相談を受けた保護者は，後日「受けてよかった。胸のつかえがおりました。前向きに向き合えるようになりました。」と園に報告してくれることが多く，その後の保護者の生活も大きく変わり，明るい顔で登園したり，子育てサークルに参加したりするようになるなど，保護者の前向きな姿が伝わってくる。

　このように，子育てに悩む保護者が，適切な相談者と出会い，心を開いて話し合えたことで，子育てに対して前向きに生活できるようになっていくのである。

演習4　保護者への肯定的な言葉かけについて考えよう

　以下にあげる本などを参考にして，保護者へ話しかける場面をいくつか取り上げ，どのような話をするか，具体的に話し言葉で書いてみよう。できるだけ肯定的な言葉で表現できるようにしよう。

○ラポム編集部（編）　『心の保育を考えるCase67』　学習研究社　2003年
　子どもの心のなかを知ることが，その子を理解することである。子ども一人ひとりの「その子らしさ」を探してみよう。その子とのかかわり方が見つかる。
　現職保育者やこれから保育に携わろうとしている保育者に，実践的立場から，発達心理学の知見をもとに保育現場で見られる幼児のさまざまな姿について，幼児理解とそのかかわり方をわかりやすく解説している。特別支援に必要な，または気になる子どもについての相談先なども紹介されている。

○津守　真　『子どもの世界をどうみるか』　日本放送出版協会　1995年
　一人ひとりの子どもの行為とその意味について紐解いた，わかりやすい単行本である。保育者のだれもが，行為を読み取ることは比較的たやすいが，その読み取った行為の意味を読み解くことはむずかしく，経験知が求められる。本書は，その子どもの「行為」を受けとり，その「意味」を読み解く過程を学ぶことのできる参考書である。

○秋田喜代美・中坪史典・砂上史子（編）　『保育内容　領域「言葉」―言葉の育ちと広がりを求めて』　みらい　2009年
　保護者とのかかわりのうち，とくに保護者支援に必要な「情報発信」のあり方について学ぶことができる。
　第10章では，保護者との話し方などが書かれているので参考にしてほしい。また，他の章の事例では保育者に求められる基礎力や応用力や実践力も学ぶことができる参考書である。

○無藤　隆他（編）『幼・保・小連携ハンドブック』　日本標準　2009年

　保護者からの相談で，園から小学校へ進学する時期の，子どもの態度や技能に関する相談に対応するための知識を得ることができる。

　幼・保・小の接続期に起こる素朴な諸問題や移行期の保育の進め方についてQ&A形式でわかりやすく解説している参考書である。巻末に指導要録・保育要録などの書き方や気になる子どものチェックリストなどがあげられている。

○森山卓郎　『コミュニケーションの日本語』　岩波ジュニア新書　2006年

　日常の保育から保育相談まで保護者とのやりとりにおいては，言葉づかいがたいせつである。日ごろの言葉づかいや人への気配りを学ぼう。

　あいさつの際の心のもち方から，話しじょうず・聞きじょうず・意見の相違の切り抜け方など，言葉の気配りについて書かれている参考書である。

○岩田純一他（編）『新しい幼児教育を学ぶ人のために』世界思想社　2001年

　経験豊富な実践者と研究者が，地域・家庭をつなぎ，豊かな保育の実現をめざした実践事例が多く書かれている参考書である。保育相談者として，子どもの豊かな育ちを学ぶことは，保護者への信頼と信用を得ることにつながる。本書の保育事例から家庭・地域との連携を学ぼう。

【肯定的に話す例】
・集団のなかになかなか入れない　→　まだいろいろなことに興味があるので，みんなといっしょに過ごす楽しさが…
・いつもぐずぐずしていてものごとの取り組みが遅い　→　落ち着いて，思量深くしっかりしているお子さんです…
・人のものをなんでも取ってしまう　→　今は，すべてが自分のものと思い込んでいる時期なので，相手の「お顔を見てごらん…」と気づかせてあげましょう（3歳後半から4歳前半にかけて）…
・人をいつもたたいてしまう　→　まだ語彙が少なく，自分の思いがうまく言葉で表現できないでいるので，言葉で橋渡ししてあげましょう…

第5章
保育相談における連携

　1974年,厚生省(現厚生労働省)の通達で,各自治体で障害児統合保育がすすめられた。当時,保育現場では障害児の園生活と発達を保障するため,保育者が積極的に発達や障害等の専門家の見解を取り入れたのである。わが国において,保育者とその他の専門家が連携するようになった始まりといえよう。
　本章では,保育における他の専門家との連携について考えてみる。

1節 保育者と発達・障害等の専門家との連携

　保育の専門家がほかの領域の専門家と連携する活動は,コンサルテーションとよばれている。保育者がみずからの保育に対して疑問をもったり,子どものことで他の専門家に意見を求めたいと思うようなとき,主体的にコンサルテーションを活用することがある。これは,一人ひとりの子どもが豊かに成長していくことを目的としている。この節では,事例をもとにコンサルテーションがどのようなプロセスをふんでいくのかを具体的に紹介する。

1——保育者が保育に悩むとき

事例1　Mくんのケース
　Mくん(4歳)はいつも落ち着きがなくて,そわそわしています。そのため,

集団活動から外れがちです。とくに次の活動の準備をするときになると、落ち着かないようすで、友だちとちょっと肩がぶつかっただけでもけんかになってしまいます。一体どうしたらよいのでしょうか。

　これは、保育者がよく悩むことがらのうちのひとつである。日々、子どもと接するなかで、どうすればよいのだろうと思ったとき、ほとんどの保育者は、まず同僚や先輩の保育者に相談するだろう。それでも、なかなか事態に改善がみられない場合、外部の発達や障害等の専門家に相談することができる。この相談活動は、一般にコンサルテーションとよばれ、保育者支援として位置づけられている。

2 ── コンサルテーションとは何か？

　コンサルテーションとは、「2人の専門家（一方をコンサルタントと呼び、他方をコンサルティと呼ぶ）の間の相互作用のひとつの過程である。そしてコンサルタントがコンサルティに対して、コンサルティのかかえているクライエントの精神衛生に関係した特定の問題をコンサルティの仕事のなかでより効果的に解決できるよう援助する関係をいう」と定義される（キャプラン、1968＝1986）。実際の保育の相談活動に照らすと、「異なった専門性や役割をもつ者同士が子どもの問題状況について検討し今後の援助のあり方について話し合うプロセス（作戦会議）」（石隈、1999）ということになる。

　保育の場において、外部の専門家を交えた相談では、このコンサルテーションに特徴づけられるものが多い。これは、通称、心理職などの他の専門家による「巡回相談」とよばれている。巡回相談は、行政が保育現場の相談に際し、専門家を雇用し、複数の現場へ巡回することから名づけられた。したがって、巡回相談の多くは、外部の専門家が保育現場へ赴き、子どもと保育のようすをみたうえで、保育者と問題解決の糸口を探すという特徴をもつ。そして、保育者が保育することを支援し、子どもが成長発達していくことを目的としている。そのため外部の専門家が一方的に子どもの指導法を保育者へ伝授するものでもなければ、保育現場で子どもを直接指導するものでもないといわれている。次項では、コンサルテーションの特徴をもった巡回相談について、その具体的な

相談の実際を記述していく。

3 ── 事例をもとに巡回相談の流れと内容をイメージする

巡回相談が実際にどのようにして進められるのかについて、その流れを図5-1に示した。先のMくんの事例でイメージすると、次のようなプロセスとなる。

(1) 問題と相談ニーズの発生

Mくんがとくに次の活動の準備をするときに落ち着かなくなり、友だちとけんかとなってしまう問題状況がしばらく続いている。なかなか事態が改善しないので、保育者はどのようにかかわっていけばよいのかわからないという悩みを抱く。そこで、外部の専門家（以下、相談員と記す）からアドバイスを受けたいという相談ニーズがでて始めて、巡回相談へとつながっていく。

(2) 問題状況と子ども・保育に関する情報の整理

相談員は保育者が抱える悩みに応じる前に、保育場面を観察し、保育者から子どもや保育について話を聞き取る。必要に応じて、発達検査を行なうときもある。そして、それらの情報をもとに、対象となっている子どもの特徴やどのように問題が起きているのかをとらえようとする。

たとえば、Mくんが常に落ち着きがないのか、それとも落ち着いていると

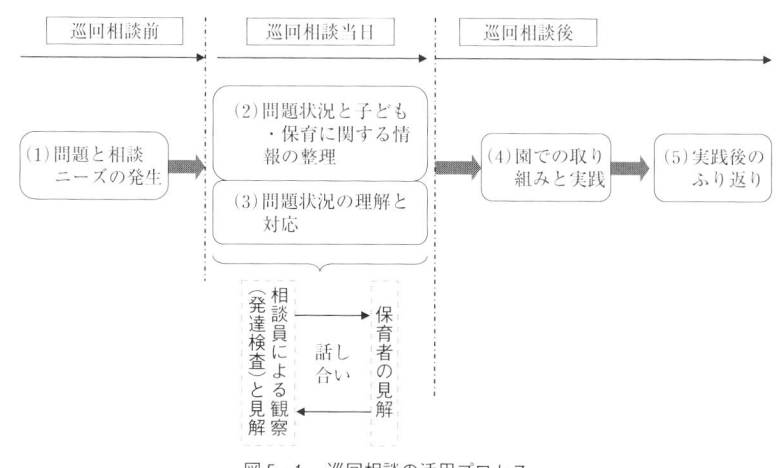

図5-1　巡回相談の活用プロセス

きもあるのか，また落ち着いている時間があるとしたら，それはどのようなときか，友だちと何をして遊ぶのが好きなのかなどである。さらに，Mくんがこれまでどのように発達してきたか，現時点で知的発達面がどれくらいの水準にあるのかなども対象児を理解する情報となる。また，Mくんの情報だけでなく，保育者やほかの子どもとの関係性，クラスではやっている遊び，好きな友だちとの特徴など，対象児を取り巻く周囲の環境についても把握する。このような情報を集めて整理し，問題がどのようにして起きるのかという仮説をたてていく。

　ここで重要なことは，相談員と保育者が互いのもつ情報をやりとりし，見解を述べながら，問題状況を理解しようとするところにある。双方向的に話し合いができると，その子どもがほかの子どもと生き生きと遊んでいる場面や活動のなかでがんばっていることなどもでてくる。このような「問題とされていることがらとは別のポジティヴなようす」が問題解決の糸口となったり，保育の方向性を考える材料となることが多い。

(3) 問題状況の理解と対応

　上記のように，相談員と保育者が情報をやりとりして整理していると，問題状況がどのようにして起きているのかについて，いくつかの解釈が生まれてくる。その解釈をもとに，Mくんにどのようにかかわっていくかという対応を考えていく。

　たとえば，Mくんは多くのことに気がつきやすいため，注意散漫な特徴を生活全般でもっていることがわかったとする。しかしながら，その特徴がとくにでやすい場面が，次の活動を準備するときであることが判明する。そうした状況では，子ども一人ひとりが準備のために動いていて，騒然としていた。Mくんは子ども一人ひとりの動きに気を取られてしまうので，落ち着きがなくなってしまい，どうしたらよいのかわからずに不安が高まってしまう。そこで，些細なことをきっかけにその不安が爆発し，けんかとなってしまうと考えられた。それとは別に，何人かの子どもも右往左往しており，何をどうしたらよいのかがわかりにくいようすであった。そのため，次の活動を準備する状況がどうしてそんなにも混雑してしまうのかをふり返ると，部屋のなかのロッカーや机がちょうど子どもの動線を混雑させてしまうように配置されていたことがわ

かった。このような解釈から，ロッカーと机の配置を変えてみることが対応として提案された。

　ここでは，問題状況の仮説と対応策をたてるまでのプロセスをわかりやすいように，単純化して記した。実際には，相談員と保育者が多くの情報を出し合って整理し，保育の場面でどうしていくのかの話し合いが紆余曲折しながら展開される。その時に，保育者は自分自身がそれまでに試みてきたことを意識し，積極的に自分の意見を言うことで，話し合いが実り豊かなものとなっていく。

(4) 園での取り組みと実践

　巡回相談後，そこで話し合われた内容を参照して，実践していく。ただし，どのようなことを実践に活かしていくか，それは保育者が子どものようすをみながら決めていく。たとえば，先程の事例の場合，落ち着きのなさや注意の散漫さが周囲の環境との関係ででてきやすいことがわかり，室内のロッカーや机の配置を変えるだけでなく，そのほかの対応も保育者たちがみずから考えて取り組んでいた。それは，子どもたちがこれから行なう活動を説明するときに注目しやすいようにホワイトボードを活用するなどである。これはほかの子どもにとっても，活動の内容をよりイメージしやすいものとし，実際の活動を楽しめるようになった。このようにMくんへの対応を保育者がみずから考えだすことで，ほかの子どもへの保育にもつながっていく。

(5) 実践後のふり返り

　このように，園での実践後，問題状況に変化がみられたかどうか，その実践がよりよい方向に進んでいるかどうかなどを保育者はふり返ることが重要である。そうすることで，次に何をするかといった保育活動をイメージしやすいものにするためである。また，同じような問題状況が次に起きた場合に，そこで得られた考え方や対応の方法を活かすことにもつながっていく。このようなふり返りは保育者の力量形成に役に立つ。その一方で，問題が改善されていない場合，それが相談ニーズとなり，再度巡回相談を申し込み，検討していくことが望まれる。

4——巡回相談を有効に利用するために

　保育者が保育に悩むとき，少なくとも3つのことを心にとどめておくと，外

部の専門家による巡回相談を有効に利用することができる。

 1つ目は，巡回相談を受けたいと思ったとき，園内でどのようなことを相談したいのかについて話し合うことである。今問題となっていることがらに関して，自分がどのようにそれをとらえて対応してきたのか，その子どもが自分らしさを発揮している場面がどのようなものなのかをまとめておくと，短い時間のなかで有効な相談ができる。

 2つ目は，巡回相談のなかで相談員と話し合うときに，担任だけではなく，ほかのクラスの保育者，園長や主任，補助の保育者も同席することである。複数の立場から，それぞれの視点による見解が述べられることで，話し合いの中身が充実する。加えて，園内の保育者が協力し合うことにもつながっていく（東京発達相談研究会・浜谷，2002）。

 3つ目は，相談先を知っておくことである。わが国の巡回相談は，自治体の約半数以上が実施している（近藤ら，2001）ので，園が所在する自治体へ問い合わせておくとよい。それとは別に民間の専門機関や大学の相談室でも実施している場合もあるので，そうした情報を集めておくと役立つだろう。

2節 多様な専門機関・専門家との協働と連携

 2008（平成20）年に改定された保育所保育指針は，園が障害児の保育を進めるにあたり，専門機関と連携し，適宜助言を受けることを第4章に記している。また，保護者の子育てを支援していくために，地域の関係機関と連携をとっていくことも第6章で重視している。この節では，園が，どのような場合に，どの機関と連携すると子どもと保護者を支援することになるのかを概観していく。

1 ── どのような専門機関があるのか

 ひとつの自治体には，たいてい，その主要な機能に応じて，専門機関が設けられている。表5-1にはそれぞれの機関の機能や特徴，各機関のおもな専門職についてまとめてある。たとえば，保健所（保健センター）は子育て支援の中心的な役割を果たしている（勝浦，2002）。保健師や看護師，助産師といった専門職がおり，妊娠期の両親学級，出生後の家庭訪問や発達健診を実施し，

親子が健やかに発達しているかどうかを見守っている。このように，各専門機関の機能や特徴，どういう専門職がいるかを知っておくと，どこと連携すればよいのかがわかり，迅速に親子へ対応することができる。また，他機関から園へ問い合わせがあったときも，不信感を抱かずにすむだろう。次項からは，園と関係する機関連携の例を紹介する。表5-1を参照すると，理解しやすいものとなろう。

表5-1 園を取り巻くおもな関係機関

関係機関	携わるおもな職種	活動の内容	園とのかかわり
保健所（保健センター）	保健師・看護師・助産師・医師・心理士・歯科医・栄養士	両親学級・発達健診（6か月・10か月・1歳半・3歳）個別の発達相談 育児講座・遊びの会，虐待対応等	保護者を介して，子どもの発達に関する情報交換・育児困難家庭や虐待の対応に関する連携等
子ども家庭支援センター	ケースワーカー・保育士・心理士・看護師等	子育て広場・一時保育・育児や発達に関する相談・育児講座・虐待対応等	育児困難家庭や虐待の対応に関する連携等
療育センター（自治体の直営・民間）	ケースワーカー・医師・心理士・言語聴覚士・作業療法士・理学療法士・栄養士・保育士等	発達相談・個別療育グループ指導 通園・研修会の開催	保護者を介して，子どもの発達や障害に関する情報交換や巡回相談
民間相談機関（大学/NPO/社会福祉法人）	大学教員・心理士・保育・言語聴覚士等	個別相談・コンサルテーション・療育・研修会の開催・研修講師の派遣等	保護者が子どもの発達に心配がでてきたときに紹介する・保育者自身の力量形成のために活用する
教育委員会等による就学相談	相談員（心理士や教職経験者等）	就学前に，学校での特別支援を必要とするか否かの相談	就学に際して，保護者が心配や不安を抱いたときに紹介する
教育委員会等による教育相談	心理士等	入学後の児童の精神および発達に関する相談	入学後に，子どものことで悩んだときに相談できる場として，保護者へ紹介する

2 ── さまざまな専門機関との連携や支援の例

(1) 療育機関との連携──発達に困難を抱え，すでに療育機関へ通っている場合

療育機関には，表5-1にもあるように，障害にかかわるスタッフが多くいる。心理士は発達や障害の状態を全般にみたり，言語聴覚士（ST）は言葉の発達とその指導を専門としている。体の動きや運動の不器用さでは，理学療法士（PT）や作業療法士（OT）がいる。そのほかに医師や看護師，保育士等もおり，子どもの発達や障害をきめ細かにみて，その状態に応じた指導を用意している。以下に，園と療育機関でよくみられる事例を紹介する。

事例2　Qちゃんのケース
脳性まひをわずらい，肢体不自由のQちゃん（2歳）は，療育機関に通い，個別指導を受けながら，園に通っていた。まだ，移動手段はハイハイで，運動面での課題が大きい。園では，給食時，食べ物を手でつかんで食べようとする，うまく噛むことができず，食べ物を出してしまうといったことに，どのように対応すればよいか悩んでいた。

このような場合，保護者を通じて，通っている療育機関にアドバイスをもらうことができる。療育機関のスタッフが園へ訪問し，給食の場面を直接見てもらったり，逆に保育者が療育機関へ訪問して，Qちゃんが実際に指導を受けているところを見ることができる。スタッフからの助言や指導場面を見ることにより，その子どもの状態に応じたかかわり方を知ることができる。

(2) 保健所（保健センター）と間接的につながる

事例3　Eくんのケース
来月で3歳を迎えるEくん。2歳ごろから落ち着きがなく，場所にかかわらず走り回ったりと動きが激しいことが保育者は気になっていた。そのため折々に，保護者と園や家庭でのようすを情報交換し，信頼関係を培っていた。保護者の話のなかで，実はどこかに出かけるときによく迷子になったり，言うことを聞いてくれなかったりと，たいへんであるということがでてきた。保護者の困ったようすをきっかけに，園でもそういう場面があることを保護者に話すことができ，保健所で実施する3歳児健診で専門家に相談できることを伝えた。加えて，園で何ができるのかを知りたいので聞いてきてほしいと頼んだ。

先に記したとおり，保健所では発達健診が1歳半と3歳のときに実施される。

ここは子どもの発達のほかに，保護者が育児不安や育児困難に陥っていないかどうかをみる場である。また，保護者の悩みに答え，どのような対策を打てるかをともに考えていく機能ももっている。ただし，健診は非常に多くの親子が受けに来るため，1組の親子をみる時間は限られ，子どもの発達を見極めきれない場合がある。したがって，Eくんのように，保育者との信頼関係のなかで，相談したいことが意識されていると，健診スタッフはその子どもの発達や親が悩んでいることをより把握することができる。そして，健診後の相談も進めやすくなる。このように園が保護者を通じて，保健所とつながり，保健所の活動を助力し，それがひいては親子への支援につながる場合もある。逆に，保護者の承諾を得ることができれば，保健所での相談内容を，園が保健所のスタッフに聞くことができる。

(3) **小学校との連携—交流保育をとおして，小学校と連携する**

　保育所保育指針では，小学校との積極的な連携を図ることが記されている。小学校との交流を深めたり，子ども一人ひとりの園でのようすを保育要録にまとめ，就学先へ送るようになっている。幼稚園と小学校が連結している，いわゆる附属幼稚園などのなかには，幼小連携が進められているところがある（佐々木，2009）。そこでは，幼稚園を卒園していく子ども一人ひとりのプロフィールを幼稚園と小学校の教諭で共有する話し合いの場を設けている。また，実際に年長児と5年生が活動をともにしたあと，幼稚園と小学校の教諭で合同研修会を開いている。幼稚園教諭と小学校教諭が子どもに対するまなざし方の違いを知ることで，自身の力量形成につながっていくことが指摘されている。最近では，自治体内の保育園と小学校でも，交流する機会が増えてきた。たとえば，小学校の学芸会によばれて，保育園の子どもがそこで発表したり，小学校体験と題して保育園児が授業に参加するといったことが始められている。

(4) **大学の相談室による支援**

　大学にある相談室でも，地域の親子を対象とした発達相談や園へのコンサルテーションがなされている（爲川ら，1999）。相談室の規模が大きい大学のなかには，個別指導やグループ指導といった療育機能を合わせもつところもある。また，園内研修におけるアドバイザーとして，相談室の相談員が園に出向いたりする。大学の相談室が研修会を開催することもある。そこでは，多種の専門

職が集まるので，機関どうしのつながりが生まれ，保育者にとっては子どもや保護者に対する多くの見方を学ぶ機会になるだろう。

3 ── より実りある連携のために

近年，子どもの発達と保護者の子育てを支援するために，園と地域の専門機関との連携が重視されるようになった。しかしながら，それが親子へよい影響を与えない場合があり得ることが報告されている（浜谷，2010）。連携が重視されればされるほど，親子と専門機関をつなげることが期待され，保護者が抱く悩みや不安に気づきにくくしてしまう。その結果，保護者の気持ちに反し，専門機関に行くことを強くすすめてしまうことがある。そうなると，親子が園をはじめとして関係機関へも不信感を抱き，かかわりを避けてしまうという危惧を浜谷（2010）は述べている。では，親子にとって実りある支援をするために，園はどのようなスタンスで関係機関とつながればよいのだろうか。支援対象の子どもとその保護者の理解を深め，より豊かな保育を用意するために他機関の見解を知るというように，連携の目的を保育実践への活用という視点で考える，そのようなスタンスが求められるかもしれない。したがって，保育者は，子どもの保育にあたって，どのような情報があると役立つのかを意識しておく必要がある。

演習5　さまざまな関係機関との連携について考えよう

1．本章で学んだ巡回相談（コンサルテーション）と関係機関との連携について理解を深めよう。そして，保育者の専門性のうちのひとつである子どものとらえ方も学んでみよう。

巡回相談（コンサルテーション）と保育を学ぶことができる本
○浜谷直人（編）『発達障害児・気になる子の巡回相談―すべての子どもが「参加」する保育へ』　ミネルヴァ書房　2009年
　　巡回相談において，よくある相談事例をあげ，子どもが保育へ参加するプロセスを具体的にかつわかりやすく描いている。巡回相談と保育のあり方を学ぶことができる。

保育者の力量とは何かを知ることができる本
○浜谷直人　『保育力―子どもと自分を好きになる』　新読書社　2010年
　　現代の子どもと家庭が抱えている問題を取り上げながら，どのような保育の力量をつけていくと，明日の保育が楽しくなるのかを記した本。本文中にあげた関係機関との連携についても取り上げられている。

子どもの一つひとつの言葉や行動にどのような意味があるのかを学ぶことができる本
○石島徳太郎　『そっと観る子どもの情景―ベテラン医師の育児相談』　フレーベル館　1997年
　　親に向けて記されたものだが，子どもの気持ちをどのようにとらえるのかについて知ることができる本。具体例に沿って，子どもの気持ちが描かれているので，非常に読みやすいうえに，学びを深めることができる。

2．本文中で取り上げた関係機関について，調べてみよう。
 (1) 自分が住んでいる自治体のホームページを見て，どのような関係機関があるのか，どのような活動をしているのかを具体的にまとめてみよう。

【まとめの例】 ○○療育センター
・個別相談：発達に心配がある場合に，専門の相談員が，その相談を受ける。その子どもの発達状態を検査や観察をとおして見て，どのような対応が考えられるかを保護者と考えていく。
・グループ指導：個別相談後，小集団での遊びや活動をとおして，ソーシャルスキルを身につける。

 (2) 本章2節2「さまざまな機関との連携と支援」の例のうち，①発達に困難を抱え，すでに療育機関へ通っている場合と，②保健所（保健センター）と間接的につながる場合について，各機関がどう連携しているかを図にし，①と②における園の役割について考えてみよう。

【考えるヒント】
①では，療育機関と園と親の3者がつながっており，それぞれが情報を共有できている。園は子どもへのかかわり方を療育機関から学ぶことができる。
②は園と親，親と保健所（保健センター）の2者がつながっている。②のエピソードは親が保健所（保健センター）で相談しようとするところで終わっている。その後，園が子どもの情報を得たいときは，保護者の承諾を得て，保健所（保健センター）とつながることができる。そうすれば，園は子どもの発達について見直すことができる。さらに，3者で情報を共有し，今後どのような方向性で親子を支援していくかを考えることができる。

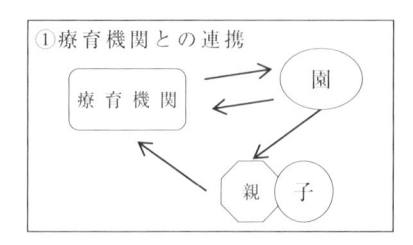

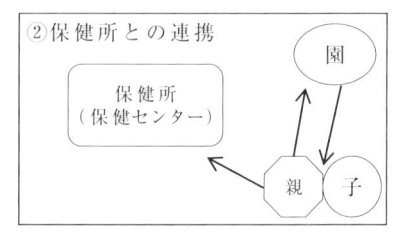

第6章 発達の気になる子どもとその家庭への支援

1節 特別な支援ニーズのある子ども(障害をもつ子ども,気になる子ども)とは

1──特別な支援ニーズのある子どもとその診断について

　発達に特別な支援ニーズをもつ子どもたちには,ダウン症や脳性麻痺等比較的早期に把握され診断される障害もあれば,学習障害・注意欠陥多動性障害・高機能自閉症等のいわゆる軽度発達障害[*1],障害とはいえないが発達や行動が気になる子まで非常に幅広い。本章では,とくに軽度発達障害とその周辺の子どもたちを中心に,その個別のニーズの把握と支援について論じたい。

　軽度発達障害は診断のむずかしい障害である。その理由は,

①医学的な原因がわかっていないために,医学的検査で確定できるというものではない。医学的な検査で何も所見がみられないことも多い。

②定型発達[*2]との明確な境界線がない。

③その名のとおり,発達にしたがってその発達像自体が変わっていくことが多い。2～3歳のころは多動がめだつ子どもが,就学後多動性は落ち着く

[*1] 文部科学省は「軽度」の文字があるために,あまりたいへんではないという印象を与えてしまうことを危惧して,現在では軽度の文字を外している。

[*2] 「正常・異常」ではなく,「発達の様相の違い」という観点から,従来の「健常」ではなく,この用語を使うことが多くなった。

第6章 発達の気になる子どもとその家庭への支援

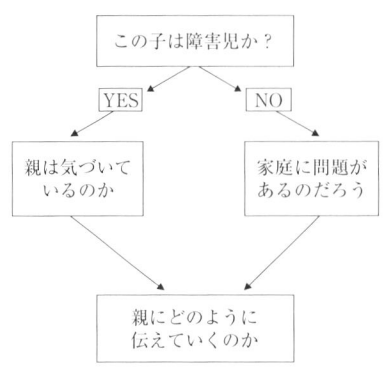

図6-1 保育者の陥りやすい考えの図式

（図中）
この子は障害児か？
YES → 親は気づいているのか
NO → 家庭に問題があるのだろう
→ 親にどのように伝えていくのか

が，今度は学習上の問題が顕著にみえてきたということはよくあることである。とくに乳幼児期は，発達とともに行動が改善される面もある一方，ますます顕著になる面もあるなど，確定診断がむずかしい時期である。

2──支援は気づいたときに気づいたところから

　以上のことから，発達障害の診断がなかなか確定されないことや，親が子どもの障害や状態に気づきづらいことが理解できるだろう。ところが，一般に子どもの発達や行動が気になったときに，園では第1に障害のあるなしに加え，そのことに親は気づいているか，どうやって親に伝えていくのかが問題になることが多い（図6-1）。子どもに関して保護者と園が共通理解することは非常にたいせつだが，発達障害の診断や親に認めさせることを重視するあまりに，肝心の子どもへの保育上の支援が後回しにされてはならない。子どもが困難を感じていると保育者が知ったときが支援を始めるときなのである。

2節　発達障害の傾向をもつ子どもの特徴とは

1──目に見える子どもの保育のなかでの姿

　発達に困難をもつ子どもの場合，保育のなかでの次のような行動はけっしてめずらしくないのではないだろうか。

　　事例　Kくんのケース
　　　年少クラスのKくんは，落ち着きなく他児と同じ行動がとれないため，保育者がそばに1人ついている。その日の保育は，形別に置いてある小さな折り紙の山から，自分のほしい折り紙を選んで取ってきて手元の用紙に貼って図を完成する活動だった。Kくんは，座って待つことができないために折り紙を取りに行く順番が最後になり，ようやく取りに行ったときには，〇△□の折り紙

はごちゃごちゃに混ざっていた。それらをしばらく見つめていたKくんは，いきなり全部の折り紙を床に払い落としてしまった。

このようなKくんの行動に対して，保育者は「床に払い落とすというような『やってはいけない』行動をどのように止めるのか」という支援を考えることも多いだろう。しかし，保育者が努力しても往々にして同じような行動をKくんは行なってしまう。それは，彼の行動の理由がわからないまま対応しているために，彼にとって適切な支援ができていないからである。

2——子どもの行動の背景にある発達の特徴

私たち大人は，子どもの目に見える行動から，その理由・意味合いを汲み取らねばならない。図6-2のなかの「子どもの行動」は，大人の目に見える子どもの姿すべてを示している。その姿から，背景にある子どもの発達的な力と特徴，環境との相互作用，その子どもが育ちのなかで傷ついてきたことなど二次障害といわれるものについて汲み取る必要がある。そうしてこそ，子どもの行動の裏にある思いに近づくことができる。

(1) 子どもが生まれもつ発達の特徴

①感覚の過敏や鈍麻

触覚や聴覚が過敏だったり，身体感覚・運動感覚に鈍さをもっており，そのために理解されにくい不安を示したり自己刺激行動を行なうこともある。

②情報を整理して取り入れる力の弱さ

まわりからの情報を整理して取り入れることができずに混乱したり，多動になることもある。彼らは家庭では落ち着いて過ごしているのに，情報量の多い集団内では落ち着きなく興奮しがちで，衝動的に手がでるといったことも起こってくるため，保護者と保育者との評価が食い違うことも多い。事例にあげたKくんはこのタイプの子どもである。情報が整理できないために，ごちゃごちゃの折り紙のなかから目的のものを選びだす

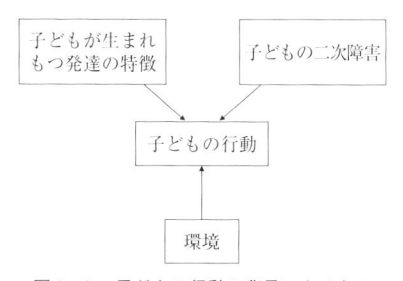

図6-2 子どもの行動の背景にあるもの

第6章 発達の気になる子どもとその家庭への支援

ことは彼には非常にむずかしかったと考えられる。

③姿勢・動きのコントロールの未熟さ

身体感覚がうまく使えないために非常に不器用だったり，姿勢が保てずに常に身体のどこかが動いてしまう。

④理解力の未熟さとアンバランス

視覚的に理解したり憶えることは得意だが，聴覚的な理解は苦手など，理解する力に大きなアンバランスを示す。

⑤言葉・コミュニケーションの問題

言葉の発達の遅れや，一方的なおしゃべり，他者の感情や意図が理解できないなど，人と適切にコミュニケーションすることがむずかしい。

(2) 子どもの二次障害

彼らは園でしばしば気持ちを崩し，ときにはパニックになることもある。しかしその原因を，障害や親子関係に帰してしまうと支援の方向性を誤ることになる。園で起こす子どもの行動の原因は必ず園のなかにある。子どもは感覚的な不快や状況がわからずに不安になり，うまくできなくて，または思いがきちんと伝わらなくてパニックになる。そのまま適切に支援されないと，常に情緒的に不安定な状況に追い込まれ，自分を保とうとして不適切な行動（問題行動）を学ぶ。問題行動は子どものSOSであるから，その行動への対処だけでなく，この子どもは何に困っているのかを考えて支援に移していく必要がある。

3 ── 保育のなかでの支援

子どもの支援には，その子どもの長所を知ることが最もたいせつである。なぜなら，その長所を軸に支援の方向性を考えていけるからである。また，子どもの抱いている不安感，子どもがどこまで理解して行動しているのかを観察することも必要である。問題行動だけに目を奪われず，子どもが理解しないまま動いているのであれば，それは支援すべき状態であると認識する必要がある。

(1) 環境と提示の仕方を整理する

このような子どもたちには，環境や課題を視覚的に整理された状態でわかりやすく示されることが役に立つ。前述のKくんの事例であれば，折り紙を形別にトレイに入れて提示するだけでも，混乱はかなり減少したと考えられる。

(2) 子どもの理解力に合わせてコミュニケーションをとる

「聴く」ことが苦手な子どもには，文章を短く区切って話すことや，文字の使用，ものを見せる，ジェスチャーを使うなど，視覚的な手がかりを使う配慮が役に立つことが多い。大人は常に，子どもは理解できたかどうか，子どもの反応や行動をみてチェックすべきである。

(3) 対人関係のスキルを育てる

対人的なトラブルには，双方の子どもの言い分を聞いて，何が起こったのか，何がわからなかったのかを大人が理解することが必要である。そのうえでよりよいやり方を子どもたちに教えていくことが支援の鍵になる。

(4) 問題行動の理解と対処

焦点となる行動の前後の文脈を記録し，どのような状況でその行動がでやすいのかを分析していくことのほか，その行動がでない状況，子どもが落ち着いて楽しく遊べる状況や環境を調べて活かしていくことが有効である。

(5) 自尊心とセルフコントロールの力を育てる

やってはいけない行動を注意するだけでなく，子どもができたとき，努力しているときに，適切にフィードバックをしていくことが必要である。

(6) 職員連携とケース会議の開催

以上の支援は，巡回相談のスタッフや看護師等専門的多角的な視点からのアドバイスを含め，職員全体で取り組むべきことである。そのためにはケース会議のほか，特別支援教育[*3]の始まりとともに制度化された個別の指導計画・個別の支援計画[*4]を作成して現状と課題を共通理解することが必要である。

[*3] 障害の有無で分けるのではなく，一人ひとりの教育的ニーズと個別の支援を考える制度。2007年度から学校教育法に位置づけられ，全国の小中学校で支援が始まった。現在は高等学校以降の高等教育においても実践されつつある。

[*4] 園と家庭，関係機関を含めた支援計画。乳幼児期から学校卒業後までを見通した一貫した支援を目的に，横の連携（家庭や関係機関との連携）を縦の連携（就学支援・移行支援・就労支援）につないでいくためのもの。

3節 障害児の通園施設における支援と統合保育

1——障害児の通園施設におけるさまざまな支援

　障害児の通う施設では，子ども一人ひとりの特徴に合わせてきめ細かい支援が行なわれる。図6-3はタイムタイマーで，切り替えに困難を示すタイプの子どもに視覚的にわかりやすい形で活動の残り時間を伝えるものである。図6-4はスケジュールボードである。時間の見通しをつけにくい子どもだけでなく，刺激にふり回されて自分の活動を見失う子どもや，活動が決まっていないと不安になる子ども，言葉の説明だけでは活動の内容を理解しにくい子どもに対しても役に立つ。このような配慮は，子どもの行動を規制して何かをやらせるためのものでは決してない。すべてが，その子どもが状況を的確に理解して不安なく主体的に活動できるための支援として使われるべきである。

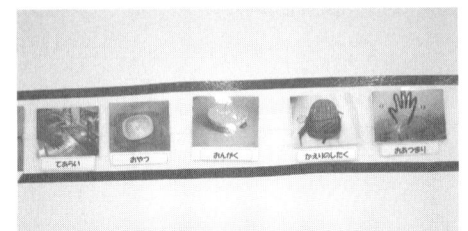

図6-3　タイムタイマー　　　　図6-4　スケジュールボード

2——統合保育の意義

　こうしたさまざまな困難を示す子どもたちを園のなかで保育していると，保育者の気持ちのなかには「もう少し手をかけてあげられたら」という思いが強くなり，統合保育のなかでの支援に困難や限界を感じることもあるかもしれない。しかも近年は，障害が明確ではない，または保護者が子どもの状態について認められないケースの困難さや，そうした子どもたちがクラスに何人もいる状態が報告されることも多い。では統合保育の意義とはどういうものなのだろうか。

　統合保育が公的なシステムに制定されたのは1974年であるから，すでに30年

あまりの年月がたつ。その意義や成果には，さまざまな考え方や評価がある。園が適切な支援を保障する場でなり得なければ，定型発達の子どもたちといっしょの場にいることだけを重視するのは，発達保障の概念からは遠いであろう。その子どもにとってよりよい環境は，個別に検討していく必要がある。

しかし，それでもなお統合保育にはノーマライゼーションという大きな意義がある。人は一人ひとり違って当然であること，違っても通じ合えること，違ってもいっしょにいることがあたりまえであることを，人生の初期に原体験としてもつ人たちの育成は，これからの共生社会をつくっていくうえでの大きな財産となるのではないだろうか。保育がむずかしい子どもへの対応に日々悩む保育者の背中を子どもたちはよくみており，そこから学ぶことが多いということを保育者は知っておきたい。保育者にとってもまた，特別な支援を考えることが子ども理解の目を深めていくものだということを実践のなかで学んでいくだろう。

4節　保護者と家族の支援

1——保護者を理解する

子どもを支援するときに，その子どもがどのような子どもで何に困っているのかを理解することが必要なように，保護者を支援するときには，まずその保護者を理解することが必要である。特別な支援を必要とする子どもをもつ保護者は，自分の子どもを理解し，適切に対応することが非常にむずかしく，そのために子育てに日々悩み，親として自信がもてなくなることが多い。

たとえば，子どもが多動で衝動性が高い場合，どのような育児になるだろうか。
- 道路に飛び出すなど危険が多いため，子どもから目が離せず気が休まらない。
- 子どもが電車のなかで走り回るなど，親がいたたまれなくなるような思いをする。
- ほかの子どもをたたいたり押したりしてしまい，問題児とされてしまう。
- 衝動的に手が出るなど，何回教えても言うことをきかないため，どのようにしつけをしたらよいのかわからない。

このような状態が見通しや支援がないまま続くと，親子関係が危機的な状況になることは容易に想像できるだろう。保護者とくに母親は「この子はどうせ私の言うことはきかないんです」と投げやりになったり，「この子はからだに言い聞かせないとダメなんです」と追い詰められることも起こり得る。虐待のリスクも大きくなるということを知っておきたい。

2 ── 障害受容とは

保護者は日々むずかしい育児に悩みつつ，同時にわが子は障害児ではないかという恐れと向き合わなくてはならず，そこには「障害受容」という大きな壁が存在する。障害受容とは，一般にわが子のもつ障害を認識したうえで，ありのままのわが子を受け入れることをいう。図6-5は，障害受容の段階を仮説的に表わしたものであり，親はいろいろな段階を経て最後は再起に向かうとされる。しかし一方では，親は一見適応・再起したようにみえても，常に悲哀を抱えており，子どもの人生のさまざまな局面において再び悲しみが顕在化する，障害受容とは一生涯続くそうした過程であるという考え方もある。実際の障害受容の過程はもちろん一人ひとり大きく異なり，一様ではない。その人の人生や人間観にもかかわるものである。

また，障害受容というのはただたんに子どもの状態を認識するといった単純なものではない。家族それぞれの思い，親戚からの目，社会の障害概念，そういったもろもろのことがすべて大きく絡んでくるのである。保護者がわが子のありのままを受け入れられるためには，まわりの人たちがわが子をありのままで受け入れてくれる，認めてくれるという実感，つまりわが子と社会に対する信頼感が必要だろう。障害受容には，その人を取り巻く人的社会的状況が非常に大きな要因になっており，その意味でも保育者の責任と役割は大きい（第9章3節3も参照）。

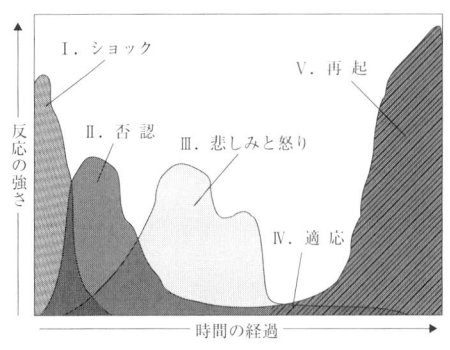

図6-5 先天奇形をもつ子どもの誕生に対する親の正常な反応の仮説図 (Drotar et al., 1975)

3──保護者を支える

 こういった親子に出会ったときに保育者が心がけたいことは，保護者のせいにしないこと，保護者の傷つきに敏感であることと保護者を心から労う気持ちを忘れないことであろう。親子関係が不適切だったり，ガードが堅い保護者に対して，まずはそうなってしまった経緯や保護者の傷つきに思いを寄せたいものである。

 保育者は子どもに発達的な問題がみられたとき，子どものためにも早く専門機関につなげたいと思いがちである。しかしその段階では，どうしても「子どもに問題がみられるので専門機関へ」という伝え方にならざるを得ない。それでは，保護者はなかなか動けないだけではなく，場合によっては，わが子が問題を起こすのは園のせいではないか，この園ではわが子を邪魔と思っているのではないかなどの疑心暗鬼を抱かせてしまうことにもなりかねない。

 特別なニーズが見つかったときには，まず園のなかでの支援を考えていくことが何よりも必要であるし，それが園のできる最も大きな家族支援でもある。園で適切に支援することによって，子どもは確実に成長していく。そうした子どもの姿をみることは保護者にとって何よりの喜びであり，希望である。「子どもが変わると親が変わる」のである。園での取り組みとその成果を知っていくことで，保護者は保育者が自分と子どもにとっての支援者＝味方であるということを認識でき，保育者が伝えることに対しての構えも変わってくる。保護者と保育者との信頼関係とはそのように培われていくものである。また，そうした取り組みのなかから，保育者もその子どもの長所を含めた全体像がよく把握でき，保護者に対して適切なアドバイスができるようになっていくのである。

 保育者は，地域の専門機関を見学し，どのような支援があるのかを知っておくことも重要である。子どもを知り，機関を知ることで，「専門機関に行けばここが伸びますよ」というプラス志向で専門機関を紹介することができるだろう。

4──就学支援について

 特別なニーズをもつ子どもの就学に際して，個別の指導計画・支援計画をも

とに就学後の個別の指導計画につながる形で資料を引き継いでいくが，これらとは別に各自治体で始まっている「就学支援シート」の作成がある。これは，保護者が子どもについて学校に配慮してほしいことを書き，幼稚園・保育園・療育機関等の就学前機関がその子どもの状態について記入したうえで，保護者から教育委員会または直接就学先の小学校に提出するものである。ほかの引き継ぎ資料と異なり，保護者が保育者と連携し，わが子の今後を見すえながらつくる点に大きな特長がある。

　保育者の行なう就学支援とは，「子どもにとって適切な学校についてアドバイスすること」ではない。保護者が子どもと学校を理解し主体的に学校を選択できること，子どもが学校で適切な支援を受けながらスタートできること，保護者が不安なく学校と連携できることをめざすこと，つまり家族の自立支援であるということを強調したい。

演習6　発達の気になる子どもとその保護者への対応について考えよう

1．落ち着きのない子どもの支援について、「大人が1人つく」以外の方法を検討してみよう。

【考えるヒント】
①その子どもが落ち着いて活動している状況は何か。集中できる要因は何か。
②その子どもはクラス全体での活動の内容や方法を理解して参加しているか。

2．「障害を認めない」保護者に対する支援について、園全体の取り組みとして何があるか検討してみよう。

【考えるヒント】
①その保護者を支援し得る人の輪（支援ネットワーク）を描いてみよう。
②保護者が認めなくても、園でできることについて考えてみよう。

特別な支援を必要とする子ども理解に役立つ本

○ニキ・リンコ・藤家寛子　『自閉っここういう風にできてます！』　花風社　2004年
　　アスペルガー当事者の著者たちが、自分たちの世界の感じ方を楽しくつづった本。シリーズで出ている。なによりも当事者の目線が学べる。
○田中千穂子・栗原はるみ・市川奈緒子　『発達障害の心理臨床―子どもと家族を支える療育支援と心理臨床的援助』　有斐閣　2005年
　　発達障害の概念、支援者の姿勢・内容、支援システムが整理されている。障害とは、支援とは何かを考えるのに役立つ。
○内山登紀夫　『本当のTEACCH―自分が自分であるために』　学習研究社　2006年
　　自閉症の基本的な支援プログラムであるTEACCHプログラムの理念が根本からていねいにつづられている。自閉症という文化と、それをいかにしたら守れるかを学ぶことができる。

第6章 発達の気になる子どもとその家庭への支援

■特別なニーズをもつ子どもの保育を考えるのに役立つ本

- 田中康雄（監）『わかってほしい！気になる子―自閉症・ADHD などと向き合う保育』 学習研究社 2004年
- 野呂文行 『園での「気になる子」対応ガイド』 ひかりのくに 2006年
- 玉井邦夫 『発達障害の子どもたちと保育現場の集団づくり―事例とロールプレイを通して』 かもがわ出版 2009年

　発達障害とは何か，どのように考え，保育のなかでいかに支援していけばよいのかを，わかりやすく説いている。

■保護者の支援に役立つ本

- ぽれぽれくらぶ 『今どきしょうがい児の母親物語』 ぶどう社 1995年

　障害児の親の等身大の姿と気持ちと生活が，親たちによって描かれた本。親のパワーと悲しみ，悩み，そして喜びを知ることができる。

- 中田洋二郎 『子どもの障害をどう受容するか―家族支援と援助者の役割』 大月書店 2002年

　障害受容を実践のなかで悩み考え続けた著者自身の軌跡が描かれており，障害受容について理念から実際までを学ぶことができる。

■知っておくと役に立つ支援法とホームページ

- TEACCH 研究会　http://www.teacchken.com/

　TEACCH プログラムは「障害児者を普通に近づけるためのトレーニング」から一転，世界で最初に自閉症とその周辺の人たちの特徴と文化をたいせつにするところから体系化されたプログラム。

- 日本マカトン協会　http://homepage2.nifty.com/makaton-japan/

　マカトンサインは，なんらかの原因で音声言語の表出が限定される子どもたちのための，身振りサインによる言語・コミュニケーション。

- 日本インリアル研究会　http://www3.kcn.ne.jp/~inreal/index.html

　インリアルアプローチは，コミュニケーションになんらかの困難をもつ子どもを，家庭やクラスのなかで，大人がよいコミュニケーション相手になることで支援しようとする支援法。

第7章 養育の課題を抱える家庭への支援

　近年，乳幼児の虐待に関する痛ましい事件が後を絶たない。子どもは大人の助けがなければ生きていけない。それはたんに生命の維持だけの問題ではない。愛情を基盤とする人との信頼関係の構築は，人が生きていくうえで大きな拠りどころである。その信頼関係を構築するたいせつな相手であるはずの保護者によって子どもが虐待されるということは，けっしてあってはならないことなのである。

　虐待により，たとえ命を奪われないまでも，子どもは心と身体に深い傷を負う。また虐待をする保護者の多くが，自身も保護者から虐待を受けて育っている場合が多く，こうした負の世代間連鎖をわれわれはなんとしても断ち切らねばならない。

　本章では，虐待に関するわが国の現状を知り，基本的な知識をふまえたうえで，保育現場において個別の支援を必要とする事例をとおして虐待対応の実際を学ぶ。

1節　現代日本社会における虐待の現状と対策

　最近の虐待の相談件数および虐待による死亡者数，主たる虐待者の内訳を表わしたものが図7-1および図7-2，図7-3である。グラフからもわかるよ

第7章 養育の課題を抱える家庭への支援

うに虐待の相談件数は増加の一途をたどっている。こうした増加の要因のひとつとして，虐待に対する人々の意識が高まり，今まで数に上がることのなかった虐待が表面に表われてきたということも考えられるが，虐待によりこれほど多くの幼い尊い命が奪われているという事実に胸が痛む。亡くなった子どもの年齢内訳は，0歳～3歳が最も多く全体の62％を占めており，就学前の0歳～6歳が実に全体の約80％を占めているのである。

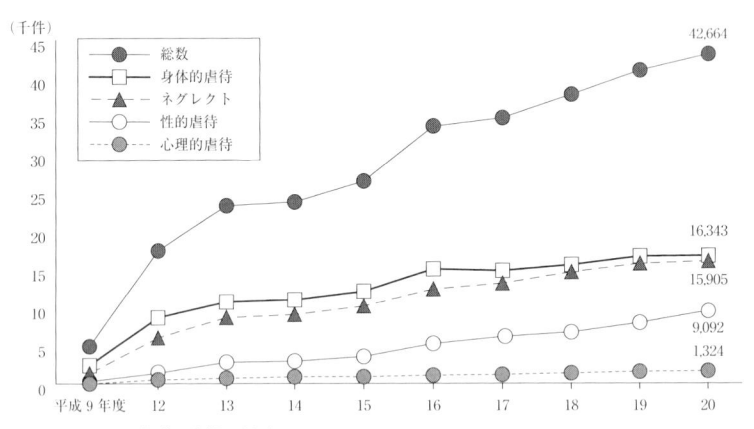

注）ネグレクト：保護の怠慢・拒否。
資料：厚生労働省大臣官房統計情報部「社会福祉行政業務報告」，2009

図7-1 児童相談所における虐待の内容別相談件数の推移

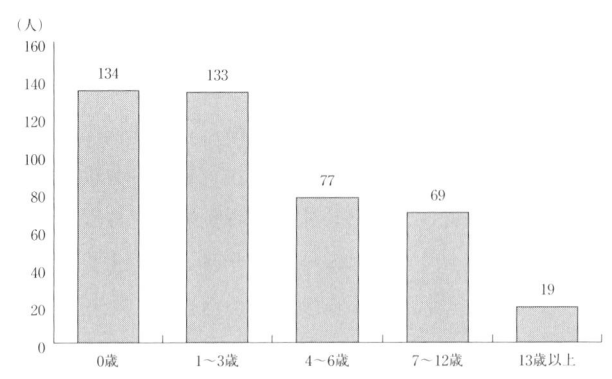

注）合計は年齢未記入を除く。
資料：厚生労働省雇用均等・児童家庭局総務課児童虐待防止対策室「子ども虐待による死亡事例等の検証結果等について」，2009

図7-2 児童虐待により死亡した子どもの年齢

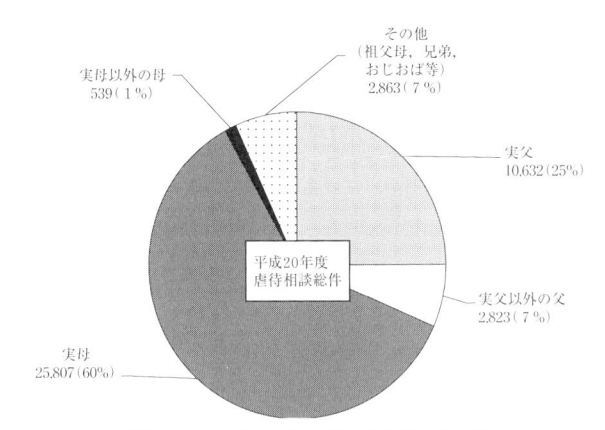

1節　現代日本社会における虐待の現状と対策

その他
（祖父母，兄弟，
おじおば等）
2,863（7％）

実母以外の母
539（1％）

実父
10,632（25％）

平成20年度
虐待相談総件

実父以外の父
2,823（7％）

実母
25,807（60％）

資料：厚生労働省大臣官房統計情報部「社会福祉行政業務報告」，2009
図7-3　主たる虐待者

　また，加害者で最も多いのが実母であり，こうした実情からも，虐待を未然に防止するためには乳幼児期の子育て支援が重要であることがわかる。

1——虐待とは

　虐待とは，親または親に代わる養育者によって，子どもの心や身体が傷つけられたり，健やかな成長発達が損なわれるような行為が加えられることをいい，「児童虐待の防止等に関する法律」により，おもに4つのタイプに分類し定められており，多くの場合，1つではなく複数のタイプが重複している（表7-1）。
　このうち，心理的虐待の例としてあがっているドメスティック・バイオレンス（Domestic Violence：DV）とは，内縁関係も含む同居している配偶者や両親，子ども，親戚などの家族から受ける家庭内暴力のことをいい，子どもの前でDVが行なわれ，そのようすを子どもが目撃すること自体も虐待となる。また，DV被害を受けた親がそのはけ口としてわが子に暴力をふるったり，精神的に不安定または無気力となった結果，ネグレクトしてしまうなど，わが子への虐待に結びつくこともある。
　虐待はどの家庭にも起こり得る危険性があり，そのおもな要因は，保護者の生い立ちや精神疾患など「保護者自身に問題・課題がある場合」，いわゆる，育てにくいとされる子どもや慢性疾患・障害など「子ども自身に問題・課題が

第7章　養育の課題を抱える家庭への支援

表7-1　児童虐待の分類

1．身体的虐待	3．ネグレクト（養育の放棄または怠慢）
○児童の身体に外傷が生じる，または生じる恐れのある暴行を加えること。生命に危険のある暴行を加えること。 ・殴る，蹴る，突き飛ばすなどの暴力 ・タバコの火やアイロンを押しつける ・溺れさせる。熱湯をかける，異物を飲ませる ・首を絞める，布団蒸しにする ・冬戸外に閉め出す，縄などで拘束し長時間一室に閉じ込める　など	○児童の心身の正常な発達を妨げるような著しい減食または長時間の放置，保護者以外の同居人による虐待行為の放置，その他，保護者としての監護を著しく怠ること。 ・食事を与えない，風呂に入れないなど，日常生活の世話を怠る ・子どもにとって必要な情緒的欲求に応えていない ・理由なく義務教育を受けさせない，必要な医療を受けさせない ・乳幼児を家に残したままたびたび外出する，車のなかに放置する ・保護以外の同居人による虐待を保護者が放置する　など
2．性的虐待	4．心理的虐待
○児童にわいせつな行為をする，させる，または性的関係をもつこと。 ・子どもへの性交，性的行為の強要 ・性器や性交を見せる ・ポルノグラフィーの被写体にする　など ＊いずれの行為についても子どもが同意していたとしても虐待である	○著しい暴言または著しく拒絶的な対応，同居する家庭における配偶者に対する暴力などで，子どもに著しい心理的外傷を与える言動を行なうこと。 ・言葉による脅しや脅迫 ・ば声を浴びせる ・子どもの自尊心を傷つけるような言動 ・子どもを無視する，拒否的な態度をとる ・子どものたいせつなものを傷つける ・ほかのきょうだいと著しく差別する ・子どもの前でドメスティック・バイオレンス〔DV〕）を行なう　など

資料：厚生労働省「子ども虐待対応の手引き」，2008

ある場合」，経済的困窮や複雑で不安定な家庭状況など「家庭状況に起因する場合」，性格からくる相性によるものや親が子どもに対し強い拒否感や嫌悪感をもってしまうなど「保護者と子どもの関係に問題がある場合」のほか，「地域社会からの孤立に起因する場合」など実に多様であり，これらの要因が1つではなく複数絡み合っていることも多い。

ただし，これらの要因があるからといって，必ずしも虐待へと発展するとは限らず，先入観や決めつけでとらえることがないように保育者は気をつけなければならない。また，一方的に養育者を責めることは虐待の防止にはつながらず，むしろ悪化させてしまう場合もある。慎重に配慮しつつも迅速な対応が求められるため，園だけで抱え込むことのないよう，速やかに各関係機関とも連携をとりながら対応することが望ましい。

2 ── 虐待に関する法律と政策

　近年，増加している児童虐待を防止するために2000（平成12）年に施行されたのが「児童虐待の防止等に関する法律」（以下「児童虐待防止法」とする）である。児童虐待防止法では，児童虐待についての定義を定め，虐待の早期発見，通告，立入調査等，国や自治体の責務や関係機関との連携などについて定めている。また2008（平成20）年の一部改正では，児童虐待について，より詳しく具体例もあげながら定義するとともに，国や自治体の児童虐待防止責務のさらなる強化や通告義務の範囲の拡大，児童の安全確認や確保のための施策整備などを盛り込み，併行して児童福祉施設のあり方なども見直している。

　このほか，2008年に改定された保育所保育指針では，「保護者に対する支援」を取り上げ，保育所入所児とその家族のみならず，地域在住の子育て家庭を対象とした「地域の子育て支援」についても，保育所が果たす役割として定めている。同年施行の幼稚園教育要領においても地域や家庭との連携について明記し，教育課程以外の子育て支援についても重視するものとなっている。

　こうした取り組みは現在起きている虐待への対応だけでなく，将来的に虐待へと発展する危険性をもつケースに対し，未然に防止する効果が期待されるものである。

2節　保育現場における虐待未然防止の取り組み

　子どもたちが日中を過ごす保育現場では，虐待やこのままでは虐待につながってしまうようなケースと出合うことが少なくない。

　虐待を見逃さないためには，日ごろから子どもや保護者の小さな変化やサインを見逃がさない細やかな観察力と虐待に関する正確な知識が必要である。

　また，近年は在園児だけでなく，地域在住の子育て家庭への支援や対応も保育現場の重要な役割となっている。

1 ── 虐待に気づいたら・虐待が疑われるケースに出合ったら

　もしも園において虐待が疑われるような子どもの異常に気づいた場合，図7

第7章 養育の課題を抱える家庭への支援

【虐待かなと思ったら（園による支援を中心とした場合）】

早期発見・早期対応が重要！

保育園（所）・幼稚園
- 発見した保育士・教員
  - ・状態確認
  - ・詳細な記録
  - ・写真記録 など
- 報告 → 園長 ↔ 相談 → 主任・看護師

状況確認 → 子育て家庭

生命の危険あり・高い緊急性

相談・通告 → 子ども家庭支援センターまたは地域担当窓口・機関 ← 連携 → 児童相談所

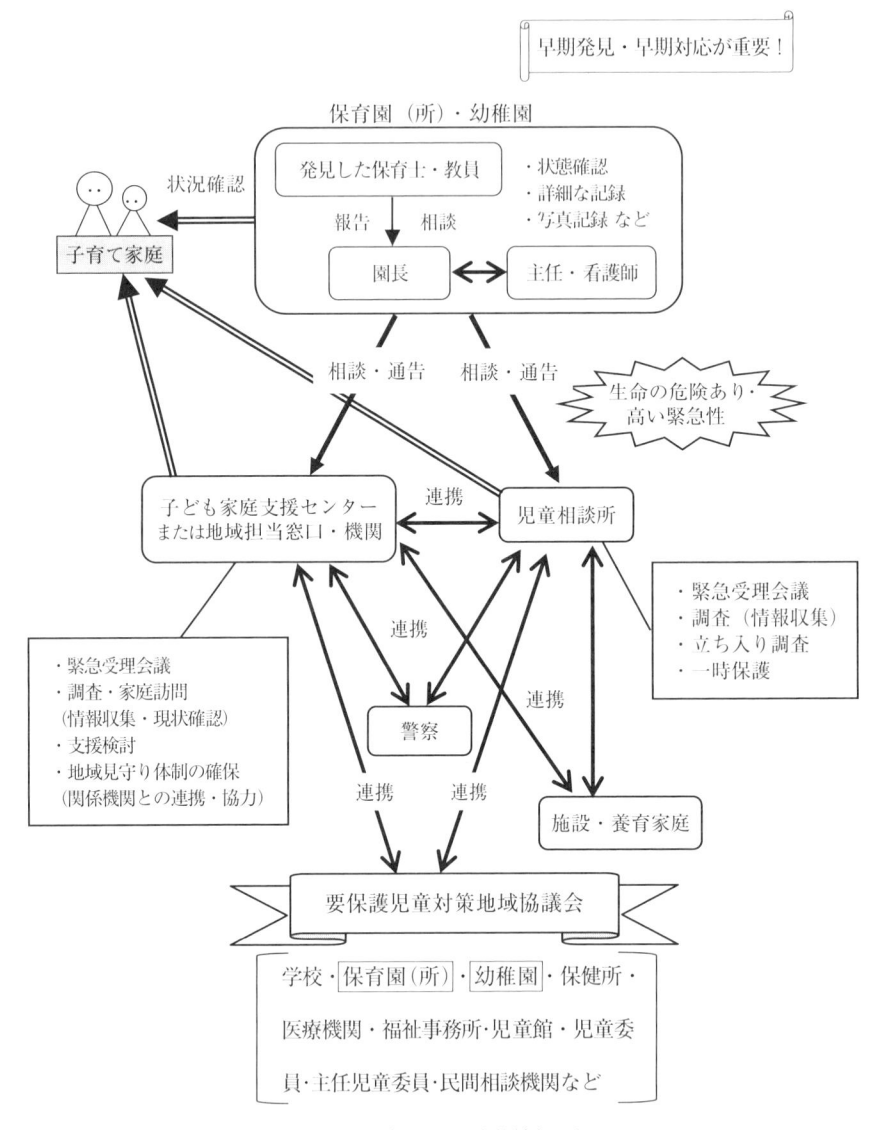

児童相談所
- ・緊急受理会議
- ・調査（情報収集）
- ・立ち入り調査
- ・一時保護

子ども家庭支援センター
- ・緊急受理会議
- ・調査・家庭訪問
  （情報収集・現状確認）
- ・支援検討
- ・地域見守り体制の確保
  （関係機関との連携・協力）

連携 → 警察

連携 → 施設・養育家庭

連携 → 要保護児童対策地域協議会

学校・保育園(所)・幼稚園・保健所・医療機関・福祉事務所・児童館・児童委員・主任児童委員・民間相談機関など

図7-4 保育現場での虐待対応の流れ

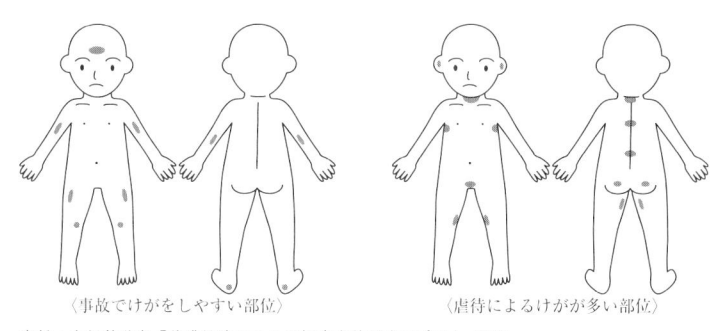

2節　保育現場における虐待未然防止の取り組み

〈事故でけがをしやすい部位〉　〈虐待によるけががが多い部位〉

資料：文部科学省「養護教諭のための児童虐待対応の手引」，2008
図7-5　身体的虐待と不慮の事故による外傷部位の相違

-4の手順に従い，園長を経由し，子ども家庭支援センター（以下，支援センターとする）または児童相談所へ相談・通告しなければならない。その際，対象児が降園する前に確認が必要な場合も多いため，速やかな相談・通告がたいせつである。また，虐待の事実確認の際に必要な「傷などの状態確認」「園児の詳細な記録」「写真による記録」なども，可能な限り行なっておくことが望ましい。

　また，保育者が虐待に気づくきっかけとしては，傷などの身体に関するものが最も多く，子どもの表情や他者とかかわる際の言動から異変を察知することも多い。虐待の被害が最も多い0～3歳児が過ごす保育園では，おむつ交換時や着替えの際にこうした異常に気づくことが多い。

　よく報告されるものとして，「身体の不自然な場所にあざや傷，火傷がある」（図7-5参照）「身体的な発達が著しく遅れており，年齢相応の基本的な生活習慣が身についていない」「衣類や身体が非常に不潔である」「常にお腹を空かせていて，食べ物を隠すようにしてがつがつ食べる」「表情が乏しく，凍りついたような瞳で常にあたりをうかがい，周囲と違和感がある」「傷や家族のことについて話したがらず，話す内容も不自然である」「大きな声や手を上げるなどの周囲の何気ない言動にびくびくし，頭をかばうような動作をする」「性的なことに過度に反応したり不安を示す」などのようすがみられる。

2──保育現場における虐待対応の実際

　それでは実際にどのような対応がなされているのか，具体的な事例をもとに，

発見時とその後の園の対応についてみてみたい。その際，前掲の図7-4を虐待対応の流れを理解するうえでの参考としてほしい。

(1) ネグレクトが疑われる事例

事例1　アイちゃんのケース
1歳4か月のアイちゃんは，最近両親が離婚し，母親とともに他市から転園してきた女の子である。保育園に通うようになって1週間。担任はアイちゃんの服装がいつも同じであることに気づいた。入浴もしているのかどうか，垢で汚れておむつかぶれもひどい。名前を呼ばれてもふり返らない。また，母親の表情が乏しいのも気になる。

①発見当初の園の対応
アイちゃんのようすに気づいた保育士が園長に報告。園長はすぐに主任も交え対応について検討。担任がおむつかぶれ以外にあざや傷などがないか看護師とともにチェックし，園長は地域の子ども家庭支援センターに相談・通告。アイちゃんが降園前に，支援センターの職員がようすを見に来園することになる。その際，支援センターから，おむつかぶれやそのほか気になる状況があれば写真やメモを園のほうで記録としてとっておくように助言される。

保護者に対しては，園で検討の結果，この日はお迎えの際に，母親におむつかぶれの話題をだし，その反応をみるとともに，可能であれば家庭でのようすを聞き，何か子育てに不安や負担を感じていることがないか投げかけることとする。ただし，今後，支援を続けていくためにも母親と園との信頼関係が損なわれないよう母親を責めたり詰問するような口調にならないように十分配慮する。

②そのほかの専門機関の対応
支援センターでは本事例をネグレクトによる虐待として受理。本児の観察および園からの聞き取り調査，迎えに来た保護者のようすから，生命の危険に関する緊急性は高くないと判断し，まずは保育園主体による親子への支援を進め，園と定期的に連絡をとりながら，必要に応じ助言をし，そのほかの機関とも連携をとりながら対応を行なう。本事例ではアイちゃんが名前を呼ばれてもふり返らないことから保健センターにも情報提供し，1歳6か月児健診を利用しアイちゃんの発達について細かいチェックを行なうこととする。

③その後の園の対応

　園では，アイちゃんの身体や健康状態，保育場面でのようすについて毎日細かくチェックし記録を続けた。その結果，聴覚については，名前に反応しないアイちゃんがほかの物音には反応することがわかった。後日の健診でも聴覚に異常がないことが確認されたことから，ネグレクトによる影響が示唆された。
　そこで本児へのこまめな声かけやスキンシップを意識して増やしたところ，名前にも反応し，表情も豊かになってきた。
　母親に対しては，主任が中心となって園の送迎時に必ず声をかけるよう心がけ，アイちゃんの成長ぶりや笑顔の場面を中心に伝えるとともに，母子家庭の苦労を気づかった。しだいに母親は園にうち解け，離婚までの経緯や育児に対しゆとりがもてずにいる現状などについてぽつりぽつり語るようになった。
　それらの話をていねいに受けとめながら，アイちゃんの子育てについていっしょに考えていくという姿勢をたいせつにした結果，母親は少しずつわが子に関心を示すようになり，アイちゃんの成長を喜び，笑顔をみせるようになってきた。

(2) 身体的虐待・心理的虐待が疑われる事例

事例2　ユウくんのケース

　幼稚園に通う4歳児年中クラスのユウくんは，もともと乱暴な言動がめだつ子どもであったが，この1か月ほど他児とトラブルになることが多く，手を出すことが増え，大人が制止するまでやめようとしない。その一方で担任が少し強い口調で注意すると，おびえた表情で自分の頭をかばうような素振りをみせる。つい先日も，通りすがりに少し接触した他児をいきなり突き飛ばすが，その時のユウくんの表情が無表情なのに気づき，担任は非常に気になった。
　なお，バス通園のため保護者と担任が顔を合わせる機会はほとんどない。

①発見当初の園の対応

　担任は園長と主任に相談。園長は地域の子ども家庭支援センターに相談・通告。支援センターでは，園に，本児と担任が話す時間を設けて家庭での状況をさりげなく聞くように助言。担任はユウくんを呼び，最近本児が友人とよくけんかになってしまうので心配しているということをやさしい口調で伝えると，当初はしかられると思い緊張していたユウくんが少しほっとした表情になる。そこで家庭ではどのように過ごしているのかようすをたずねるが，その場では

明確な返事は得られなかった。

翌日，頬に青あざがあったため，担任は別室で冷却シートで手当てをしながらユウくんに「痛そうね，大丈夫？」と心配してたずねるが，ユウくんは黙ったままである。また，手当の際，ほかの身体の部位についても確認したところ，太ももの内側に火傷の痕を発見した。本児に「ここも痛そうだね。火傷しちゃったの？」とたずねるが「忘れた」と答えただけだった。その日，手当をして帰したということを伝える形で，担任が母親に電話連絡をし，けがをした時の状況についてたずねると「ころんだ」とのことだった。

②そのほかの専門機関の対応

支援センターではあざや火傷の痕があったことなどから，本事例を身体的虐待として受理。園にも訪問し本児のようすを確認，このまま事態がエスカレートする可能性もあると判断し児童相談所に通告した。その後，地域の民生委員からも，子どもの激しい泣き声が聞こえるとの情報があり，児童相談所職員とともに本児宅を訪問した。その際は，園と家庭との関係を損なわないよう「近隣からの通報を受けて」という形で訪問している。母親は訪問に対し最初は動揺したが，本児が最近反抗ばかりして手を焼いていること，下の子がまだ小さいうえに父親も夜勤が多く，母親1人でたいへんであることなどを訴えた。

その後，民生委員の協力も得ながら定期的に訪問を続け，母親との信頼関係が少しずつできてきたころ，「このままではユウをどうにかしてしまいそうだ」と母親が訴えたので，支援センターではショートステイの利用をすすめ，ユウくんは幼稚園が夏休みの間の3日間，児童養護施設で過ごすこととなった。

③その後の園の対応

園ではユウくんが安定した気持ちで過ごせるよう，また他児たちとのコミュニケーションがスムースにいくよう保育士が本児の補助自我的な役割をとった。

保護者に対しては，個人面談をきっかけに，園のほうからも折にふれ，母親に連絡をとり，ようすをたずね，何かあれば母親がいつでもSOSをだしやすいような関係づくりを心がけた。この関係は，ユウくんがショートステイ前後の，わが子を預けることに対する母親の複雑な心情を支えるのに役立った。

(3) 2つの事例から学ぶこと―子どもたちの笑顔を守るために

乳幼児の場合，自分の状況を言葉で訴えることがむずかしい。そのため，保

育者は小さな変化や異常を見逃さない細やかな観察力が必要となる。アイちゃんの事例ではおむつかぶれや衣類の状況からネグレクトに気づくことができた。

また，たとえ言葉を話すことのできる年齢であっても，ユウくんの事例のようになかなか虐待の事実を話したがらない場合も多い。親をかばって言わない場合や，虐待されるのは自分が「悪い子」だからと思い込んでしまっている場合も多い。また，もしも他者にわかったらあとでもっとひどい目にあうのではないかという恐怖心から真実を語ることができない場合もある。

子どもに事情を聞く場合，けっして事情聴取のような緊張した雰囲気とならないよう，リラックスした雰囲気のなか，子どもが話しやすい状況づくりを心がけることがたいせつである。

一方，保護者へのわれわれの対応の基本は，相手の「気持ちを受けとめる」「話を聴く」という姿勢である。2つの事例での保育者のかかわりが，けっして保護者を詰問したり責任を問うような対応でなく，保護者自身への気づかいが伝わるように意識した言葉かけや配慮を心がけた対応となっていることにお気づきだろうか。時には虐待防止に向けての第一歩として，保護者に自分の行為が虐待であるという認識をもたせるために，その事実を明確に伝える必要がある場合や，子どもの生命を守るため強制的な親子分離に踏みきらざるを得ない場合もある。しかし加害者である保護者自身がかつて虐待の被害者であったケースが多いという事実を考えると，保護者自身への心のケアは重要であり，二度と虐待がくり返されないためにも十分なサポートが必要である。

第7章 養育の課題を抱える家庭への支援

演習7　虐待の発見とその対応について考えよう

　本章で学んだ「養育の課題を抱える家庭への支援」について，さらに詳しく調べて理解を深めよう。

1．あなたが今住んでいる地域で，虐待に気づいたときにどこに相談や通告をしたらいいのか調べてみよう。また，虐待に対応する施設や機関としてどのようなものがあるのか調べてみよう。

2．児童虐待について書かれた次の文章のうち，正しいものに○，正しくないものに×をつけなさい。（正解は，この演習の一番最後にあります）
　①子どもは痛い思いをしないとわからないので，しつけの基本は体罰である。
　②私たちには虐待に気づいたら地域の担当窓口に通告する「義務」がある。
　③子どもに，急に「精神的に不安定になる」「問題行動が増える」「甘えが強くなる」などの変化がみられたら，家庭で何かあったのではないかと考え，ようすを細かく観察する。
　④子どもの前で父親が母親に暴力をふるうのは，直接子どもがけがをするのではないので虐待とはいわない。
　⑤子ども虐待のない社会の実現をめざす市民運動を「ピンクリボン運動」という。
　⑥保育所の役割には在園児とその家庭だけでなく，地域の子育て中の家庭の支援も含まれている。

　虐待の最新の現状についてわかるもの・ぜひ読んでおきたいもの

○厚生労働省ホームページ
・子育て支援全般に関するサイト　http://www.mhlw.go.jp/bunya/kodomo/index.html

・児童虐待防止対策・DV防止対策に関するサイト　http://www.mhlw.go.jp/bunya/kodomo/dv36/index.html
　児童虐待防止法全文を一度は全部読んでみよう。そのほか，国の子育て支援や虐待防止に関する法令や情報も載っている。
◎**各自治体のホームページのうち，子育て支援に関するもの**
◎**子どもの虐待防止に取り組んでいる活動機関**
・子どもの虹情報研修センター　http://www.crc-japan.net/index.php
・NPO法人　日本子どもの虐待防止民間ネットワーク　http://www.jcapnet.jp/
　実際にどのような活動が行なわれているのか調べてみよう。

【演習課題2の正解】
① ×　虐待かどうかは親の意図ではなく子どもにとって有害かどうかで判断する。子ども自身が理不尽な苦痛を感じているのであれば，それは虐待と判断される。
② ○　虐待を発見した際に通告することは私たちの「義務」である。通告しても守秘義務違反の刑事責任を問われることはなく，また，調査の結果，虐待でない場合でもなんら責任を問われることはない。
③ ○　子どもたちの変化の背後に，深刻な事態が隠されていることがある。
④ ×　たとえ，直接けがをさせられなくても，子どもの前でDVが行なわれれば，それは心理的虐待である。
⑤ ×　「オレンジリボン運動」という。オレンジ色は子どもたちの明るい未来を表わし，2005年に栃木県小山市で始まった。なお「ピンクリボン運動」は乳がんに対する正しい知識と早期受診の推進を目的とした啓発運動である。
⑥ ○　園庭開放や子育て相談，離乳食講座など，地域の子育て家庭を対象にさまざまな支援を行なう園が増えている。

第Ⅲ部

地域に向けた保育相談支援の取り組み

　家族を構成する人数が減少し，ひとり親の家庭が増加している近年，家族の有する子育てに向けることのできる資源は減少している。加えて，地域の結びつきも希薄化しているために，子育てが孤立して行なわれがちである。そこで，保育所・幼稚園が担う，親子や家族をつなぎ，つながり，見守り，集い，育てるといった機能は，これからますます重要性を増すだろう。

　第3部では，園が地域に対して開いている子育て支援や，地域で行なわれている子育て支援について学んでみよう。また，保育士の職場でもあり，園が連携をもつ重要な機関である児童福祉施設の特徴と，そこでの相談支援で何が目指されるかについて理解を深めよう。

第8章 地域の子育て家庭に対する保育相談支援

 本章では，地域における子育て家庭に対する支援の必要性，園における地域に向けての子育て支援の機能と実際，そして，さまざまな地域における子育て支援の取り組みの実際を紹介する。また，子育てを地域全体で支えていく力を底上げするための実践例の報告やヒントも合わせて紹介していく。

1節 地域に向けて園が行なう子育て支援の役割と機能

1——地域における子育て支援の重要性

 近年，社会状況が急速に変化するなか，地域のつながりが薄れ，子どもとどのようにかかわったらいいのか悩み，孤立感を募らせる親の増加など，子育てしにくい社会環境の問題が指摘されている（子ども子育て新システム検討会議，2010）（図8-1，8-2）。このようななかで，「親と子がともに育つ」という観点から子育て支援を実施し，子どものよりよい育ちが実現するように地域で子育てを支援していくことがますます重要になってきている。
 現在，地域に向けての子育て支援活動は，さまざまな専門職，ボランティア，当事者などが担い，多様な展開をみせている。
 なかでも，保育・幼児教育に関する知識，技術，経験を豊かにもつ保育所・

第8章 地域の子育て家庭に対する保育相談支援

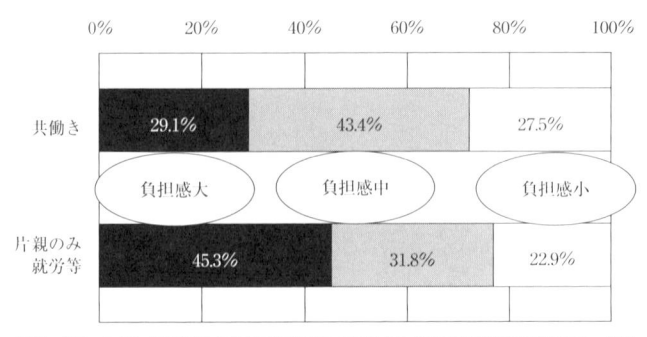

```
               0%      20%      40%      60%      80%     100%
共働き              29.1%         43.4%              27.5%
                (負担感大)    (負担感中)        (負担感小)
片親のみ
就労等              45.3%           31.8%         22.9%
```

資料：(財) こども未来財団「平成12年度子育てに関する意識調査事業調査報告書」，2001

図8-1　母親の子育ての負担感

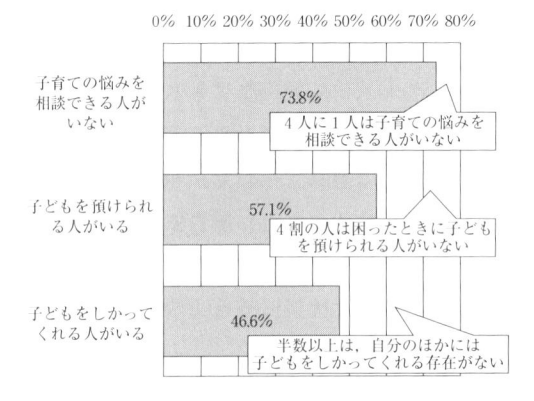

```
              0% 10% 20% 30% 40% 50% 60% 70% 80%
子育ての悩みを
相談できる人が                73.8%
 いない                      → 4人に1人は子育ての悩みを
                               相談できる人がいない

子どもを預けられ
る人がいる             57.1%
                      → 4割の人は困ったときに子ども
                         を預けられる人がいない

子どもをしかって
くれる人がいる      46.6%
                      → 半数以上は，自分のほかには
                         子どもをしかってくれる存在がない
```

資料：(株) UFJ総合研究所「子育て支援策等に関する調査研究」(厚生労働省委託)，2003

図8-2　妊娠中または3歳未満の子どもを育てている母親の周囲や世間の人々に対する意識

幼稚園がその特性と地域事情に応じて，園に通う前の乳幼児をもつ親を含めた，保護者への子育て支援を行なうことが強く求められている。2008年に改定された保育所保育指針（第6章3）では，保育所は「地域の子育ての拠点としての機能」を，一方，幼稚園教育指導要領（第3章第2-2）では，幼稚園には「地域における幼児期の教育のセンターとしての役割」を果たすよう積極的に努めることが明記されている。

図8-1，8-2を見ると，子育て世代が，地域のなかで子どもを気軽に預けたり，相談したりしにくい実態が読み取れる。とくに，子どもを在宅で育てている専業主婦ほど子育ての負担感，孤立感を強く感じていることがわかる。す

べての親が子育てを楽しく前向きにとらえられるように、私たちの身のまわりの社会環境を整備していくことが重要である。

2 ── 地域に向けて園が行なう子育て支援機能と実際

園が行なう地域に向けての子育て支援には、大きく2つの機能がある。「地域の子育ての拠点としての機能」と「一時保育」である。

(1) 地域の子育ての拠点としての機能

第1の地域の子育ての拠点の機能としては、保育所・幼稚園いずれにおいても以下の4つの機能があり、地域の就園前の親子に対する子育て支援が多く実施されるようになっている。

①子育て家庭に対し園の施設などを開放する、未就園親子への体験保育を実施するなど園のもつ機能の開放。
②子育てに関する相談や助言。
③子育て家庭の交流の場をつくり、その交流の促進。
④地域の子育て支援に関する情報提供。

具体的には、園庭などの施設開放、親子遊び、絵画教室や体操教室のようなクラブ活動、父親との交流会、保護者向け子育てセミナー、母親向けのクラブなど、親子双方に向けて園の事情に応じて多様な内容が提供されている。なかでも最も保護者の利用頻度が高く、園の実施も多いのは園庭や園施設の開放である。保護者の側は、近隣に遊ぶ子どもが少ない地域事情のなかで、子どもを他児と交流させたいという目的で多く利用されており、また園側からみても、子どもの成長・発達によい影響をもつことや子どもが活動を楽しめることを高く評価している（安藤ら、2007）。

たとえば、園庭開放の場合、乳幼児を抱える親にとって安心して安全に外遊びをさせることができる環境がある保育所・幼稚園は大きな魅力である。園庭には、存分に走り回れる空間があり、泥んこになれる土や水があり、安全でさまざまな感覚を楽しめる大型遊具も設置されている。おままごとや泥遊びをするための道具などもある。近くに乳幼児が遊びやすい公園がない、公園に行っても同年代の子どもに会えない、公園利用者が少ないために暗くて怖いので不安で遊びにくい、すでにできている親どうしの輪があるために入りにくいなど、

「公園デビュー」もしにくい現代の社会事情のなかで，園の施設を開放しての子育て支援は強く求められているといえる。

園庭開放は園庭で子どもを遊ばせながら，自然と親どうしが会話する，知り合うなど，親どうしの交流が生まれる場ともなる。また，担当の保育士が見守りながら実施することで，自然と会話のなかで日常の心配事を聞くことができる相談機能も果たす。また親どうしさまざまな情報交換をしたり，園に来ることで，地域の情報を得る機会も増える。また，その場に保育者がいることで，保育者の子どもへの声かけやかかわりをみながら，肯定的で望ましい子どもへのかかわり方を学んでいくこともできる。

地域で子育てする親にとって，保育園・幼稚園がより気軽に利用しやすい雰囲気の場となるように，場をつくるくふうが重要である。

(2) 一時保育機能

第2の機能として，保育所では一時預かり，幼稚園では預かり保育の機能があげられる。

保育所の一時保育は，保護者のパート就労，急病，育児疲れなどに対応するために，1990年度に一時保育推進事業として事業化された。2009年4月より児童福祉法一部改正にともない「一時預かり事業」と名称変更され，保育事業と並列の事業という位置づけになった。これは，保育所のもつ特長を最も活かせる地域への子育て支援であるといえる。

また幼稚園において預かり保育は，「教育課程に係る教育時間の終了後等に希望する者を対象に行う教育活動」と位置づけられ，幼稚園のおもな子育て支援機能のひとつとなっている。

幼稚園を対象にした子育て支援の調査（立石ら，2007）によると，預かり保育は，「子どもが活動を楽しむ場として高く評価されていたと同時に，親の時間的余裕を確保し，保護者の就労保障の側面としても評価されて」いる。預かり保育が，「親子双方にとって意義がある」ことが示されている。

預かり保育は園の個性によってさまざまな展開をみせているが（文部科学省，2009），いずれも子どもの生活を中心にすえて考えることが重要である。家庭的保育をめざしている園もあれば，子どもの遊びの充実をめざしている園もある。いずれにおいても保育者自身もまた，さまざまな場面でみせる子どもの姿

から逆に子どもを多面的に理解することに気づいたり，地域のボランティアを受け入れていくことで，通常保育だけでは提供できない多様な体験を子どもたちに与えることができることに気づいたりしている。預かり保育事業は親子双方のみならず，保育者自身の成長にも資する可能性を秘めている（渡辺，2009）。

　地域に向けて園が行なう子育て支援の実際の取り組みについては，厚生労働省および文部科学省の事例集を参照されたい（厚生労働省，2009）（文部科学省，2009）。

2節　地域におけるさまざまな子育て支援の概要と実際

　地域における子育て支援事業は，2008（平成20）年の児童福祉法の一部改正により，法律上位置づけられた。法制化されたのは，乳児家庭全戸訪問事業，養育支援家庭訪問事業，地域子育て支援拠点事業，一時預かり事業，である。ここでは地域子育て支援拠点事業について詳しく述べる。

1——地域子育て支援拠点事業

　1980年代ごろから，各地で親どうしがお互いに子育てを支え合うグループを自然発生的につくり始め，各地に子育てひろばが広がっていった（柏木・森下，1997）。1993（平成5）年には地域の子育て支援拠点の整備・拡充を目的に「地域子育て支援センター事業」，2002（平成14）年には「つどいの広場事業」が加わり，2007（平成19）年度から地域子育て支援拠点事業として再編された。2010（平成22）年7月にこども未来財団よりだされた地域子育て支援拠点事業の「ガイドライン」には，地域子育て支援事業について以下のように記されている。

> 児童福祉法では，地域子育て支援拠点事業について以下のように規定されています。
> 「乳児又は幼児及びその保護者が相互の交流を行う場所を開設し，子育てについての相談，情報の提供，助言その他の援助を行う事業をいう。」
> また，子どもの権利条約（1989年国連採択）に示された「子どもの最善の利益の優先」は，児童福祉，母子保健，教育などの様々な分野で重視されるようになっています。地域子

育て支援拠点においては，親及び子どもの性別，出身地，民族，国籍，障害などにかかわらず，親子の交流や地域交流を通して，子どもが健やかに育まれることを"子どもの利益"ととらえます。また，子どもだけでなく，親も支えを得て，子育てに取り組む意欲や自信を高めていくことが，親子の関係性と家庭生活の安定につながります。

2──地域子育て支援拠点（子育てひろば）の機能と実際

　東京都の「子ども家庭支援センターのひろば」を対象に調べた「広場の機能と広場利用の効果」についての調査（山形ら，2007）によると，子育てひろばは，「子どもの遊び場所」「息抜きやリフレッシュの場」「他の母親との交流の場」「情報や知識を得る場」「親子関係を見直す場」「相談する場」の6つの機能を果たしているという。さらに，「スタッフが日常的に関わる機会を持ち相談や話に応じたり母親同士をつなげたりすること」によって，母親どうしの交流が促進され，「地域でのつきあいが広がるほど不安が軽減したり子育てを楽しいと感じる傾向が示され」ている（図8-3）。

　ひろばはハードとしての場所を提供するだけではなく，そこに場全体に目を配りながら親どうしをつないでいくことができる人材としてのスタッフが存在することに大きな意味がある。この時期にひろばにおいてスタッフが母親どうし知り合うきっかけをつくり，仲間づくりを促進することで，とくに0歳児を抱える母親は，不安が低減し，子育ての楽しさを感じ，安心して地域での子育て生活を送るスタートラインに立て，その後の問題を予防していくきっかけをつくる効果があるといえる。

　たとえば，都内のある子ども家庭支援センターの場合，子育てひろばは通常週4日〜5日，日中いつでも開いており，安心して遊びながら育児の情報交換やスタッフとのおしゃべりのなかで気軽に相談ができる。1日平均60組以上の親子が利用して活気にあふれている。ここではさまざまな交流が生まれるくふうがされている。スタッフ以外に多くのボランティアが登録されており，地域のさまざまな人材を招いてのプログラムが実施されている。たとえば，親子でいっしょに楽しむお話し会，リズム遊び，親子クッキング，母親講座のわらべうたや応急救護，父親講座として自然と遊ぼう，など多種多様なプログラムが実施されている。また，ひろばを利用している保護者が，得意なことを講師と

なってスタッフといっしょに企画し，講座として開いたりもする。これは，日ごろ支援を受ける側にまわりがちな子育て中の母親が，自分の力を発揮する機会を得，支援の循環が起こるくふうがされているのである。

また，子ども家庭支援センターのなかには，相談機能として，グループ懇談，発達相談，家族問題相談等，より専門的な相談につなげるしくみをもっているところもあり，相談にはそれぞれ医師や臨床心理士などの専門家が携わっている。専門相談は，「子育てひろば」で日常的にかかわるスタッフとの連携に重点をおいて，両者の視点を合わせて親子の課題を把握し，ひろばがもつさまざまな機能で親子をどう支援し抱えていくかを検討しているという。

ひろばを中心として，こうした多種多様な人がネットワークし親子を何層ものセーフティーネットで抱えるような環境を身近につくり，安心して自信をもって子育てする親子が増えるように支援していきたい。そのなかで支援者一人ひとりが何が自分にできるのかを考え，できないことはどう補い合うかを考えていくことが，子育て支援においては重要な要素のひとつである。

3節 地域全体で子育てを支援する力を底上げしていくために

子育て支援の目的のひとつは，地域全体が子育てを支える底力をつけていけるようにすることにある。子育て支援の「点」の活動がつながり合って「線」となり，線どうしがネットワークして「面」となって，地域全体が子育て家庭にやさしい町となっていくにはどうしたらいいのか，ヒントをいくつか紹介する。

1──地域で支え合う子育ての実践例

(1) 支援される側から支援する側への循環の創出

筆者がかかわっているある自治体の子育て支援センターでは，3年前から親教育プログラム・ノーバディーズ・パーフェクトを実施している。第1期終了生は，第2回目実施の際には，支援センター長の声かけもあり，多くが保育のボランティアを務めた。このよき習慣が受け継がれて現在4期目のプログラムでは，前3回の修了者が自発的にボランティアを務めており，自分の子以外の

よその子の世話を自然と行なう機会を得て，子育てに自信をもてるようになったり，修了者どうしのつながりも広がっている。なかには，ファミリーサポートの援助会員に登録したり，ほかの子育てひろばのボランティアにも協力したり，自分たちの経験を広げていく人も現われた。そんななか，古民家を新しいひろばにする話がもちあがった。そこに，第1期修了生でボランティアを続けてきた3名ほどの母親が，子どもが幼稚園に上がり手が少しあいたこともあり，ひろばの運営スタッフとして携わることになった。

かつては支援を受ける側であった親が，子どもの成長とともに，少し余裕ができたところで，支援する側にまわる循環が生まれている好例といえる。

(2) **地域資源をつなげ合って専門性を地域に還元する試み**

また，保育園が休みの土日に，園舎を閉めておくのはもったいないと考えていた園長に依頼して，園舎をまるごと借りて，子育てカフェと遊び場を企画した。園舎のもつゆったりとした空間，そこでくり広げられる豊かな遊びと生活の環境を地域の子育て世代にも開放して，孤立を防ぎ，つながりをつくるきっかけを提供することを目的とした。カフェと遊び場を担当するのは，地域で活動する食育ボランティアや子育て世代向けに活動する料理教室の主催者，自然派志向の喫茶店，保育園の栄養士さんなどさまざまな団体や個人にお願いした。同様に遊び場についても，地域で活動する遊び場づくりの団体や保育士さんらに協力してもらった。

地域には子育て支援に取り組んでいるたくさんの団体や個人がいる。保育園には，子どもの成長を支えてくれる物的・人的環境が豊かに整っている。それをひとつの団体，ひとつの園のなかだけにとどめておくのはもったいない。専門職のもつ専門性をより地域の子育て世代に役立てるよう還元していく試みが必要である。

大らかに人を受け入れる雰囲気に惹きつけられて，毎回やってきてくれる親子がいる。回を重ねると口コミで広がって，新しい友だちを連れ立って再度訪ねてくれる人もいる。このようなつながりは，地域のさまざまな団体と協力して親子の居場所づくりをすることで，地域の人々の子育て家庭に対する温かいまなざしと理解を育んでいく土壌づくりの好例といえよう。

2 ── 親がみずから支援を求めて動き出せるようにするためには？

中村（2010）は，子育て支援サービスの積極的な活用と親の心理要因の関連についての調査（中村，2008）から次のように述べている。

> 子育て支援は親が子育てに対して高い満足度を得るように，支援する必要があります。親の子育て満足度が高いと，インフォーマルサポートの活用が高まり，子どもに対する寛大さも増します。また，社会サービス活用の積極性や情報収集行動も活発になることを示しています。子育て満足度は自己効力感や自尊感情の高さに左右され，子育ての自信を高めれば満足度が上がり，社会サービスも積極的に活用するようになります。（中村，2010，p.29）

ここまでみてきたように，社会が用意する子育て支援のためのサービスメニューは多種多様に充実してきている。しかし，このメニューにみずからアクセスしてうまく利用することができるかどうかは，親自身が自分自身に効力感と自尊感情をもてることが必要なのである。このことから，子育てのトラブルを予防するためには，とくに母親の自己効力感や自尊感情を高めるような支援が重要である。母親の育児行動のよい面を見いだし，積極的に認め肯定し，子育てへの自信をはぐくんでいく，そのような支援こそが必要なのである。

つまり，日々のお迎えで顔を合わせる親に，立ち話のなかでも親たちのがんばりを認める声かけをすることから，子育て支援が始まるといえるだろう。

他章でも詳しく紹介されている親支援のためのプログラムなども，そのねらいは共通して，親に子育てへの自信をもたせ，前向きな子育て行動を増やすことにあり，まさに中村の指摘と一致する。こうした親をエンパワメントする子育てプログラムを学ぶこともまた，保護者支援，地域子育て支援に多くのヒントを与えてくれるといえるだろう。

3 ── 子育て支援者コンピテンシー・リスト

コンピテンシーとは，特定の職種において「成果を生む行動特性」をいい，適性者のもつ「知識・技術・態度＝コンピテンシー」をリストアップしたものがコンピテンシー・リストである。

「子育て支援者コンピテンシー・リスト」（子育て支援者コンピテンシー研究

会，2009）によると，居場所・交流型支援のひろばにおいて，直接親子とかかわる支援者に求められる32の知識・技術・態度が抽出されている。支援実践を5つのプロセス，①環境を設定する，②関係をつくる，③課題を知る，④支援する，⑤ふり返る・学ぶ，でとらえ，①〜⑤のサイクルをくり返しながら，らせん状に行動実践を発展させていくことが提唱されている。これは実践におけるPDCA（Plan-Do-Check-Assessment）サイクルに相当する。実践をふり返りつつ，学ぶ態度が重要である。

　また，支援者1人だけが突出した力量をもっていたとしても，多くの親子を支援することは不可能である。それよりも，園やひろば全体の子育て支援力が向上して親子を抱える力をつけていくことが，より現実的であり，たいせつである。そのためには，一人ひとりの支援者が自分たちの場の課題を知り，互いに尊重しつつ補い合い，チームとして場づくりをしていく視点がたいせつである。こうした姿勢もまた支援者のコンピテンシーのひとつと考えることができる。

演習8　地域における子育て支援の取り組みについて考えよう

　本章で学んだ地域で支え合う子育てや，それを支援するための力量を磨くために，以下の問いに答えてみよう。

1．サイトや本を参考にしながら，地域における子育て支援としてできることをリストアップしてみよう。

地域における子育て支援を学ぶことができる本やサイト

○小出まみ　『地域から生まれる支えあいの子育て』　ひとなる書房　1999年
　　子育て支援の先進国カナダの，地域から生まれた支え合いの子育ての状況がわかりやすく紹介されている。草の根的に広がった，ファミリーリソースセンター，ドロップインなど，地域の親子が気軽に立ち寄ってあらゆる子育てに関する情報や必要なものを得ることができるシステムの紹介などカナダの子育ての特徴がよくわかる。

○武田信子　『社会で子どもを育てる』　平凡社　2002年
　　著者がカナダのトロントに滞在して先進的な子育て支援のしくみについて調べた好著。人権意識の高いトロントから「社会で子どもを育てる視点」をもち帰って発信した本。

○原田正文　『子育て支援とNPO―親を運転席に！支援職は助手席に！』　朱鷺書房　2002年
　　子育てする主役は親であり，親としての力と自信をつけていけるように支援者は親を支援するということがわかりやすく書かれている。

○原田正文　『子育ての変貌と次世代育成支援』　名古屋大学出版会　2006年
　　1980年の大阪レポートに続き，2003年に兵庫レポートという乳幼児の親子の実態調査を実施。それに基づきデータを細やかに分析した結果，この20年間の子育て中の親の変化が浮き彫りになっている。

○浅井春夫・松本伊智朗・湯澤直美　『子どもの貧困』　明石書店　2008年
　　子育て支援のもうひとつの側面，社会的養護の視点から，現代の親子を見つめ子どもたちとその親が置かれている状況を明らかにしている。とても具

体的な実践の報告が多いので読みやすくわかりやすい。
- 内閣府 「平成22年版 子ども・子育て白書」 2010年 http://www8.cao.go.jp/shoushi/whitepaper/w-2010/22pdfhonpen/22honpen.html
- 厚生労働省 「保育に関する取組事例集～より利用しやすい保育を目指して～」 2009 http://www.mhlw.go.jp/bunya/kodomo/hoiku05/dl/01.pdf
- 文部科学省 「幼稚園における子育て支援活動及び預かり保育事例集」 2009年 http://www.nipec.nein.ed.jp/sc/hoiku/shiryo/kosodate_shien.pdf
- 厚生労働省の地域子育て支援に関するホームページ http://www.mhlw.go.jp/bunya/kodomo/kosodate.html

> 2．あなたの住んでいる地域の子育て支援マップを，以下の情報などを参考にしながらつくってみよう。

　市町村の子育て支援センターや子ども関連部署，社会福祉協議会，保育園，幼稚園，児童館，NPOや子育て支援団体などのホームページを調べたり，連絡をとって情報を得る。

子育てひろばなどの運営に取り組んでいる団体・個人の全国的なネットワークのサイト
- 全国子育てひろば連絡協議会 http://kosodatehiroba.com/
- 厚生労働省の地域子育て支援拠点事業 http://www.mhlw.go.jp/bunya/kodomo/kosodate.html

　実際には保育士養成の段階で親や親子と接していく訓練は十分にはできていない（馬見塚・竹之下，2010）。それに代わるものとして，親子とのボランティア体験を行なうことは有効であり，とくにPDCAサイクルに基づき，自分たちで企画して親子プログラムを提供してかかわりを深めていくことは，親支援，親子支援への自信をつけてくれる（石井，2005）。また，ゼミなどで子育てひろばへのボランティア体験に取り組み，親子支援，親が親としての力を高めていけるような支援を試みている例もある。（石塚ら，2009；長谷中，2009）。

第9章 施設における保育相談支援

1節 児童福祉施設の種類と役割，その現状

　保育士として働く児童福祉施設は多岐にわたる。児童福祉法に定められた施設には，保育所のほかに，助産施設，児童厚生施設，児童養護施設，母子生活支援施設や，知的障害児施設，児童家庭支援センターなどがある。これらの種類と役割については児童福祉法第36条から第44条[*1]に明記されているが，ここでは家族支援がとくに必要と思われる，家庭から離れて社会的養護に託される子どもたちの施設と，母子生活支援施設，および障害をもつ子どもたちの施設について述べる。

1── 児童福祉施設の種類と役割

(1) 社会的養護に託される子どもたちの施設

　社会的養護の必要な子どもたちの施設について，年齢の低い順にみていきたい。保護者のない児童や虐待を受けている児童，およびそのほかの安定した養育環境の確保が困難な0歳からおよそ2歳までの乳幼児の養育を目的とした入所施設が乳児院であり，それ以上の年齢の児童の養育を目的とする施設が児童

[*1] 児童福祉法（昭和22年12月12日法律第164号）最終改正：平成20年12月19日法律第93号　http://law.e-gov.go.jp/cgi-bin/idxselect.cgi

養護施設である。また，養育環境を背景として軽度の情緒障害がみられる児童に対して，短期間の入所や通所による情緒障害の治療を行ない，社会的適応能力の回復を図ることを目的とした情緒障害児短期治療施設（以下，情緒障害児施設と略す）や，不良行為をした，あるいはする恐れのある児童や，養育環境上の理由から生活指導の必要性が認められる児童に対して指導や援助を行ない，社会人として自立した健全な生活を営んでいくことができるようにすることを目的とした児童自立支援施設がある。

(2) 母子生活支援施設

配偶者のない母親とその児童を保護し自立を促進させていくために，生活支援等を行なう入所施設が母子生活支援施設である。

(3) 障害をもつ子どもたちの施設

知的な障害をもつ児童に対しては，こうした児童を保護して療育を行ない，将来的な自立に必要な知識や技能を与えていくことを目的とした入所型の施設である知的障害児施設や，この通所型である知的障害児通園施設がある。また，強度の弱視や難聴を含む盲児およびろうあ児を保護して将来の自立に必要な援助および指導を行なう盲ろうあ児施設や，肢体不自由のある児童の治療や療育を行ないつつ将来の自立に必要な知識や技能の獲得をめざす肢体不自由児施設がある。また，重度の知的障害と重度の肢体不自由が重複している児童に対しては，こうした児童を保護して治療を行ない，かつ日常生活上の指導を行なうことを目的とした重症心身障害児施設がある。

2 ── 入所家庭の現状

(1) 社会的養護に託される子どもたちの家族の現状

厚生労働省が2008（平成20）年に行なった「児童養護施設入所児童等調査」（厚生労働省，2009）によれば，表9-1に示すように，入所にいたる理由として最も多いのは親の虐待・酷使で全体の14.4％，次いで放任・怠惰（ネグレクト）が13.9％，親の精神疾患が11.4％となっている。また，ここでの数値には表わされていないが，アルコールや薬物依存，知的障害等を背景にもつ家庭も多くみられる。

表9-1 社会的養護の施設入所にいたる理由別の児童の割合（厚生労働省，2009）

	児童数（構成比%）				計（人）	%
	養護施設	情緒障害施設	自立支援施設	乳児院		
総数	31,593 (100)	1,104 (100)	1,995 (100)	3,299 (100)	37,991	100
父／母の死亡	775 (2.4)	24 (2.2)	34 (1.8)	37 (1.2)	870	2.3
父／母の行方不明	2,197 (10.0)	16 (1.5)	44 (2.2)	144 (4.3)	2,401	6.3
父母の離婚	1,304 (4.1)	52 (4.7)	203 (10.2)	82 (2.5)	1,641	4.3
両親の未婚	*	*	*	260 (7.9)	260	0.7
父母の不和	252 (0.8)	19 (1.7)	49 (2.5)	42 (1.3)	362	1.0
父／母の拘禁	1,611 (5.1)	25 (2.3)	48 (2.4)	176 (5.3)	1,860	4.9
父／母の入院	1,833 (5.8)	14 (1.3)	20 (1.0)	127 (3.9)	1,994	5.2
家族の疾病の付添	*	*	*	14 (0.4)	14	0.0
次子出産	*	*	*	22 (0.7)	22	0.1
父／母の就労	3,055 (9.7)	32 (2.9)	91 (4.6)	245 (7.4)	3,224	8.5
父／母の精神疾患等	3,377 (10.7)	152 (13.7)	173 (8.7)	629 (19.1)	4,331	11.4
父／母の放任・怠惰	4,361 (13.8)	181 (16.4)	446 (22.3)	289 (8.8)	5,277	13.9
父／母の虐待・酷使	4,542 (14.4)	293 (26.5)	339 (17.0)	303 (9.2)	5,477	14.4
棄児	166 (0.5)	3 (0.3)	12 (0.6)	50 (1.5)	231	0.6
養育拒否	1,378 (4.4)	52 (4.7)	116 (5.8)	256 (7.8)	1,802	4.7
破産等の経済的理由	2,390 (7.6)	22 (2.0)	24 (1.2)	188 (5.7)	2,624	6.9
児童の問題による監護困難	1,047 (3.3)	117 (10.6)	148 (7.4)	21 (0.6)	1,333	3.5
その他	2,674 (8.5)	92 (8.3)	192 (9.6)	353 (10.7)	3,311	8.7
不詳	631 (2.0)	10 (0.9)	56 (2.8)	61 (1.8)	758	2.0

注）＊は，調査項目としていない。

(2) 母子生活支援施設の現状

①入所にいたる理由

　先にあげた厚生労働省（2009）の報告によれば，母子生活支援施設の入所理由として最も多いのは配偶者からの暴力で全体の約4割を占め，次いで経済的理由による入所が24.6%，住宅事情による入所が15.3%と続いている。東京都における調査（東京都社会福祉協議会，2009）でもこれらの割合は高く，最も多いのが住宅困難で36.2%，次いで配偶者等からの暴力が29.7%，経済的困窮が16.0%となっている。

②入所後の家庭状況

入所後においても,経済的余裕はあまりないようである。平均所得金額はおよそ175万円であり,年間所得別にみると100万円台が最も多く40.9％,次いで200万円台の23.7％が続いている(厚生労働省,2009)。このように,母子自立支援施設に入所してもなおけっして楽ではない暮らしぶりがあり,母子の自立を困難にしている。

生活や自立がうまくいかない背景として,母親自身がなんらかの障害を抱えている場合も多い。東京都社会福祉協議会の調査(2008)によれば,入所家庭の母親のおよそ3割が精神や知的,あるいは身体の障害を抱えていることが報告されている。また厚生労働省(2009)の調査においても,就労していない母親が24.8％あり,そのうちのおよそ4割はなんらかの精神的障害や身体的障害や疾病によって職に就くことができない状況であることが示されている。したがって,母子自立支援施設においては,母子の生活支援を遂行するために,母親の障害に対する支援等も必要となる。

2節 社会的養護の施設における子どもたちの心身の状況と対応

1 ── 障害と被虐待体験

前出の厚生労働省(2009)の調査によれば,社会的養護の施設で暮らす子どものうち,なんらかの障害をもつ子どもの割合は,乳児院で32.3％,養護施設で23.4％,情緒障害児施設で70.7％,自立支援施設で35.4％,母子生活支援施設で16.3％となっている。そのうちとくに多いのは,乳児院と母子生活支援施設を除いて,知的障害やADHD・広汎性発達障害といった発達障害であり,情緒障害児施設ではおよそ2割の児童に広汎性発達障害がみられる(表9-2参照)。

さらに,表9-2に示すように,いずれの施設でも被虐待体験をもつ子どもが多い。これは子どもの発達障害ゆえの育てにくさから,虐待や養育不全が生じたということもあるかもしれないが,逆に虐待や養育不全ゆえに,こうした発達障害の症状が形成されたということも考えられる。わが国において発達障

表9-2 施設における被虐待経験および障害等のある児童の割合（厚生労働省，2009）

	総数	被虐待経験有	障害等有	障害等の種類（複数回答）							
				身体虚弱	肢体不自由・視聴覚／言語障害	てんかん	知的障害	ADHD	LD	PDD	そのほかの障害
乳児院	3,299 (100.0%)	1,066 (32.3%)	1,067 (16.3%)	674 (20.4%)	301 (9.1%)	61 (1.8%)	183 (5.5%)	7 (0.2%)	—	30 (0.9%)	284 (8.6%)
児童養護施設	31,593 (100.0%)	16,867 (53.4%)	7,384 (23.4%)	753 (2.4%)	788 (2.5%)	391 (1.2%)	2,968 (9.4%)	791 (2.5%)	343 (1.1%)	815 (2.6%)	2,314 (7.3%)
情緒障害児短期治療施設	1,104 (100.0%)	790 (71.6%)	781 (70.7%)	7 (0.6%)	12 (1.2%)	23 (2.1%)	118 (10.7%)	131 (11.9%)	35 (3.2%)	186 (16.8%)	496 (44.9%)
自立支援施設	1,995 (100.0%)	1,314 (65.9%)	707 (35.4%)	19 (1.0%)	28 (1.5%)	31 (1.6%)	186 (9.3%)	179 (9.0%)	63 (3.2%)	146 (7.3%)	263 (13.2%)
母子生活支援施設	6,552 (100.0%)	2,711 (41.4%)	1,067 (16.3%)	223 (3.4%)	120 (1.8%)	54 (0.8%)	246 (3.8%)	86 (1.3%)	67 (1.0%)	123 (1.9%)	397 (6.1%)

注）ADHD＝注意欠陥多動性障害，LD＝学習障害，PDD＝広汎性発達障害

害研究の第一人者ともいえる杉山（2007）は，ADHDや広汎性発達障害と診断された児童のなかには，被虐待体験によって健全な愛着形成が損なわれ，ADHDや広汎性発達障害様の症状を呈していた児童が多くみられたこと，そして思春期以降はそれが外傷後ストレス障害（PTSD）や非行などへと推移すると報告している。こうした子どもたちは職員をてこずらせ，挑発的・反抗的なふるまいをするために虐待の連鎖を引き起こし，施設内虐待をも生じかねない危険性をはらんでいる。

2——被虐待体験と求められる対応について

虐待は「おまえなんか産まなければよかった」とか，「おまえは悪い子だ」というメッセージとして子どものなかに産みつけられる。自分はこの世に受け入れられる存在ではないという感覚が植えつけられ，みずからの存在のありのままを受けとめられた体験をもたない彼らは，自分にやさしく接してくれる大人に対して，どこまでその大人が自分を受け入れてくれるのかを試すような行動をとる。

こうした子どもたちに対してわれわれができる支援は，子どもたちの心のなかに「あなたはたいせつな存在だ」というメッセージを届かせていくというこ

とであろう。否定されてきたみずからの存在を肯定できるようになるためには，芹沢（2008）は，「甘え」が表出され，その「甘え」が受けとめられ満たされることで，その欲求が消失－解体していくというプロセスが重要であると論じている。乳幼児がすべての欲求を泣くという行為に訴え，それが受けとめられ，満たされ，欲求が消失するという体験をくり返して，存在の根底ともいえる信頼感や安心感や肯定感を獲得していくように，そのプロセスが時を経てもなんらかの形で構築されなければならないということである。

この「甘え」は，年齢が低ければ抱っこをせがむとか，自分の思い通りにならないことに腹を立てて癇癪を起こすとかに表わされるが，年齢が上がるとともに，大人の手にもあまるような暴力的行為となったり，万引きやタバコなどの不法・不良行為にまで及ぶこともある。だが，このような「甘え」をくり返して，その都度「受けとめられている」という感覚を心のなかに確認しつつ，みずからの存在の根底をしだいにしっかりとしたものにしていくというプロセスが重要であるといえよう。

3──子どもにとって施設で暮らすということ

被虐という問題とともに，施設に入所している子どもたちの心をとらえるために理解すべきことは，彼らが分離を体験しているという事実である。その家庭の養育状況がたとえ劣悪であったとしても，「保護」は子どもからすれば分離の体験であり，不安な状況であることに変わりはない（全国児童養護施設協議会，2008，p.20）。

これまで子どものもつ父母像・家族像に焦点をあて，両親とともに暮らす一般の子どもたちとさまざまな状況下の子どもたちとを比較検討した村瀬・佐戸（2002）は，子どもたちに対してきめ細やかな対応を行なっている児童養護施設での調査においてさえも，通常ならば父母像として顕著に示されるはずのいくつかの項目で反応が極端に少なかったことを報告している。たとえば，入所していた子どもたちの半数近くが「悲しい時に一緒に居てくれる」人を「いない」，6割以上が「落ち着かない時に一緒に居てくれる」人を「いない」と回答している。

このことは，このような子どもたちにとって安心感や護られているという感

覚を人との関係に抱くことがいかにむずかしいかを示していよう。施設職員にとって，子どもたちの不安な気持ちに寄り添い，安心できる安定した存在のイメージを彼らの心のなかにいかに築きあげていくかが課題である。

3節　施設における相談支援の特色

　1999（平成11）年に家族支援専門相談員（ファミリーソーシャルワーカー：FSW）が乳児院に配置されたのをかわきりとして，現在，児童養護施設，情緒障害児施設，および児童自立支援施設には家族支援を専門とした職員が置かれ，児童相談所をはじめとした関係機関との連絡調整を行ないながら，家族への相談・支援活動にあたっている。子どもの担当保育士もFSWと協働しながら家族支援にあたることになる。

1──社会的養護の施設における相談支援

(1)　養育環境の調整のための親支援

　親との面会や帰省を楽しみにしている子どもは多い。しかし，親が子どもを受け入れられる状態であるかどうかを判断することはきわめて重要である。内縁関係や婚姻関係の変化が多い親もいれば，路上生活のような暮らしをしている親もいる。帰省時に虐待があってはけっしてならないし，酒に酔いつぶれているような親の姿もできれば見せたくはない。そのため，職員が親との関係を築き，家庭状況や親自身の体調の変化等を把握していること，そして適宜，助言や指導を行なうことや，面会や帰省が可能かどうかのアセスメントを行なうことがたいせつになる。もしも面会や帰省後に子どもの状態が悪化するようなことがあれば，それらを制限することも考えなくてはならない。

(2)　親の「引け目」への配慮

　子ども担当の職員としては，子どもへの思い入れから，つい親に対して「もっと親らしく」とか「もっときちんとした生活を」と思ってしまいやすい。しかし，これまで述べたように，親はさまざまな障害を抱えているなど，それができない事情がある。親は子どもを預けていることで「引け目」を感じており，職員に対して構えてしまい，よく見せようとしたり，攻撃的な態度をとってし

まったりすることもある。どのような親であっても子どもにとってはかけがえのないたいせつな存在であるということを念頭において，子どもをともに育てる者として親をとらえ，親のさまざまな事情に心から耳を傾けるということが，支援の基礎となる関係をはぐくむうえで不可欠といえよう。

(3) **家族再統合に向けて**

親子の再統合に際しては，十分すぎるほど慎重な姿勢が望まれる。親の生活状況を詳細に把握し，精神状態をアセスメントし，社会資源を含めた総合的な養育力を判断しなくてはならない。

また子どもの気持ちや状態をよく把握することも重要である。子どもがたとえ「お母さんと暮らしたい」と言ったとしても，それは子どものファンタジーとしての理想の母親像である場合もあるし，親の意向を拒絶すれば見捨てられてしまうような不安があるからかもしれない。親との外出や帰省のあとで，何をしたのか，親は何をしていたのか，どのような気持ちだったかなど，できるだけ子どもから話を聞き，親の暮らしぶりを含めて，子どもが親をどのように感じ見ているのかについて理解することが必要であろう。

子どもの親に対する感情や状態から家庭復帰を判断する視点として，たとえば「家族関係支援の手引き」(千葉県社会福祉審議会，2008)では，①成長や発育が順調であること，②親(虐待者)と自然な接触ができること，③情緒的に安定し新しい環境に適応可能であること，④積極的に家庭復帰を希望していること，⑤虐待に対して正しく認知していること，⑥虐待が再発した場合にはすぐにSOSを出して援助を求められること，の6項目をあげている。

親の面会を拒絶したり，恐がったり，面会後に不安定な状態(夜驚やうつろな表情，硬直，落ち着きのなさなど)がみられるというように，親に対する拒否的な感情が容易に判断できる場合もあれば，一見すると親との面会を喜んでいるようすであるにもかかわらず，発疹や腹痛，頭痛などの身体症状が後発するというようにわかりにくい場合もある。またとくに乳幼児では，親に対して後追いや抱っこをせがむなどの愛着行動を示すかどうかも重要な視点であるし，さらに，親に過度に迎合し，親のいいなりになったり機嫌をとろうとしたりしていないかということや，子どもが陥りやすい「自分が悪い子だったから(虐待された)」という認知的な誤りが修正されているかということもたいせつな

点である。

　統合の失敗は子どもにとって，さらに深い心的ダメージを負うこととなる。近年では，家族再統合を家族機能の再生・回復ととらえる動きもあり（たとえば，愛知県，2003），親と子が安全で安心してともにいられる状態を形成することが重要視されている。実際に施設措置を解除し家族再統合を行なう際には，保護者の養育能力のアセスメントと親子の愛着形成のための長期的な支援策を構築することが不可欠であると指摘されている（社会保障審議会児童部会，2008）。

2 ── 母子生活支援施設における相談支援

(1) 施設生活への適応

　施設での生活には決まりごとがある。それぞれの施設によって異なるであろうが，電気・水道・ガスの支払いの方法から，共同使用場所の掃除当番，門限，利用者の会合まで，生活の多岐にわたるルールがある。そこでの生活に慣れ適応していく過程を母子ともに支えることがまずはたいせつである。些細な不満や訴えにも耳を傾け，聞くという姿勢が重要であり，そのことが，その後の職員との関係を良好にする。

(2) 入所にいたるまでの心身的疲労へのケア

　生活に適応し始めると，入所までのさまざまな心身的疲労が押し寄せ，体調を崩すことが多い（松原，1999）。また1節で述べたように，母子生活支援施設への入所理由で多いのは配偶者あるいは同居人からの暴力であるが，このような被害を受けた場合には，見つかってしまうのではないかという恐怖感や緊張感が長く続いたり，連絡が来た場合には相手に対する同情心などから加害者の男性のもとへ戻ってしまうこともある。こうしたことに配慮しながら母親のゆれ動く気持ちに寄り添い，離別という大きな決断を支持し，励ましていくことがたいせつであるとともに，DV加害者から護るという具体的な支援も不可欠となる。

(3) 自立支援

　就業を困難にしている親の疾病や障害を理解し，親を育てるという視点からの自立援助が望ましい。家事が困難であれば，職員がいっしょに手伝うことで

母親もやり方を学ぶことができる。計画的に金銭を使うことができなければ，1か月分の収支をともに考えて表をつくるなど，金銭の管理や指導を行なったりする。服薬がうまくできないようであれば，主治医とも相談して薬の管理をするなど，それぞれの母親の抱える困難を具体的に支援することが必要となる。

3 ── 障害児の施設における相談支援

(1) 障害の受容に寄り添うこと

わが子の障害を受容するということは，たいへんな苦しみをともなう年月のかかるプロセスであり，その苦しみに寄り添い，ともに歩むという姿勢が援助者に求められる。子どもの障害を認められなければ，時に体罰をともなうような厳しいしつけがされることもあり得る。親からの直接的な相談はなくとも，親自身の葛藤や家族間の問題が潜在する可能性があることから，できる限り良好な関係を築き，親の苦労をねぎらいつつ，子どものよい点に目を向けたり，親がみずからの苦しみを語れるようなくふうが必要となる（第6章4節2も参照）。

(2) 子どもをともに育むということ

家庭においても機能の回復をめざし，療育が行なえるような指導がたいせつになる。療育とは，「専門的な発見，治療，訓練，教育をはじめ，社会生活を営む生活者を目指した児童期にふさわしい生活条件を総合的なかかわりのなかで実現していくこと」（中野ら，1998，p.38）であり，子どもの生活全般にわたるものである。子ども一人ひとりの障害やその原因となる病気について熟知し，生活を理解し，個々の子どもに適した場面，場面での具体的な対応を，親とともに考えていくことがたいせつである。

4 ── 子どもの最善の利益のために

子どもたちは，たとえどのような状況に置かれようとも，親を慕っている。親と離れて施設に住む子どもたちにとっては，親が健全な生活を営んでいくことが願いでもあり，いつか自分を迎えに来てくれると信じる日への道しるべでもある。また，疾病や障害などの問題を抱える親と暮らす子どもたちは，親の面倒をみたり，気づかったり，親をかばうことができるのは自分だけであると

感じて，子どもらしい子ども時代を過ごすことができなくなってしまう。親への支援が，すなわち子どもの安心や安全，健やかな成長へとつながるのであり，子どもたちの最善の利益のために，親が少しでも良好な状態を保ち，生き生きとした生活をはぐくむことができるように，親の育ちを支える相談・援助が求められる。

演習9　家族再統合のための保護者アセスメントについて考えよう

　本章でみてきたように，施設で暮らす子どもたちにとって家族との関係は重要なものである。家族への相談支援はもとより，一時帰宅や再統合に向けて不可欠ともいえる保護者のアセスメントについて考えてみよう。

　　保護者が子どもに対する怒りや衝動をコントロールできるかどうかについて，どのような点から判断できるだろうか。認知や行動の側面から考えてみよう。

家族への相談援助や家族関係を査定するためのガイドライン

○厚生労働省　「市町村児童家庭相談援助指針」　http://www.mhlw.go.jp/bunya/kodomo/dv-soudanjo-sisin-honbun.html

　　親への対応の仕方などが参考になる。

○厚生労働省　「児童虐待を行った保護者に対する援助ガイドライン」（2008年3月14日）　http://www.mhlw.go.jp/bunya/kodomo/dv21/01.html

　・（別表）家庭復帰の適否を判断するためのチェックリスト　http://www.mhlw.go.jp-bunya-kodomo-dv21-dl-01.pdf

　　家族調整の経過，子どもの状態，保護者の状態，家庭環境，地域支援体制の5つの側面から総合的に判断する。

○千葉県社会福祉審議会・児童福祉専門分科会社会的養護検討部会・家族関係支援調整プログラム調査研究委員会「家族関係支援の手引き」（2008年3月）　http://www.pref.chiba.lg.jp-syozoku-c_jika-gyakutai-kazokusien.pdf

　　厚生労働省が作成した「家庭復帰の適否を判断するためのチェックリスト」をもとに，より詳細かつ綿密につくられたもので，家庭環境および保護者の状態，子どもの状態，地域，経過という4つの側面から家族関係を査定している。

　　保護者の状態は，子どもとの接触のようすや面接，家庭訪問などをとおしてアセスメントされるが，その際の着目点として以下の8項目をあげている。

①虐待の事実を認めているか。
②夫婦や家族が一致して引き取りを希望し，問題解決に具体的に取り組んでいるか。
③生活環境や経済的基盤が安定しているか。
④内縁関係も含めて，家族や夫婦間の問題がないか。
⑤子どもへの怒りや衝動を適切にコントロールできるか。
⑥必要に応じて医療機関とのかかわりをもつことができ，精神的に安定しているか。
⑦子どもの年齢，発達あるいは場面に応じて，適切な養育ができるか。
⑧関係機関と良好な関係を継続し，必要なときには援助を求められるか。

　　保護者の状態についてのアセスメントには，上述のように保護者の精神状態や経済状況も含めた生活の安定や虐待に対する認識，子どもの発達の理解など，多岐にわたる項目が含まれる。とくに子どもとの関係についてのアセスメントの視点としては，子どもの行動や態度について「私をわざと怒らせる」「親を馬鹿にしている」というような自己中心的なとらえ方をしていないか，子どもの気持ちを考えなかったり過度に干渉したりすることはないか，子どもの知的・身体的な能力を適切に理解し，子どもの能力を超えるような過剰な要求をしていないか（例：1歳児にトイレットトレーニングを要求する，2歳児に食事の後片づけをさせる），子どもに対する愛情や愛着が感じられるか，などの点に着目する。

| 虐待をした親へのペアレント・トレーニング |

◯野口啓示　『神戸少年の町版コモンセンスペアレンティングートレーニング・マニュアル普及版』　社会福祉法人神戸少年の町　2005年

　　コモンセンス・ペアレンティング（CPS）は，虐待を行なった親へのトレーニングとして米国で開発されたプログラムであり，その邦訳版が『神戸少年の町版CPS』である。子どもとの肯定的なやりとりを促進し，暴力や暴言ではない対処方法やみずからの怒りをコントロールするスキルの習得をめざす。現在，一般家庭を対象としたペアレント・トレーニングとしても用いられはじめている。

第Ⅳ部

保育相談支援のための視点と方法

　子育てをしながら生じる新しい事態に対応するにあたって，保護者が不安になったり，困難を抱えた際に，相談が必要になる。相談では，保育者は何を"問題"としてとらえるのか，どのようなアプローチが保護者を支援し，育て，結果として子どもの養育に寄与するのか，という視点を獲得することが重要である。相談の主体は親子であることをふまえ，保護者の生き方や考え方を尊重しつつ，問題となっていることの整理を手助けする方法を身につけよう。

　第4部では，問題を見立てるアセスメント，相談における応答の方法，連携をもつ際におさえるべきこと，また，保育士が専門性を磨きながら成長するために必要な研修や支援について学ぼう。

第10章 保育相談に求められる姿勢と技法

　乳幼児とその保護者に日常的に接する保育者は，保護者を支え，子どもや家族の安定した発達を支える最前線にいるといえよう。保育現場で相談される状況や内容は多様であり，個別性も高いが，ここではそれらに応用するための，基本的な相談姿勢を示すことにする。

1節　問題をどうとらえるか

1 ── 保育相談の特徴

　保育士が，子どもを対象として行なう保育に加えて，親を支援することは，児童福祉法第18条4において「…保育士の名称を用いて，専門的知識及び技術をもって，児童の保育及び児童の保護者に対する保育に関する指導を行うことを業とする者をいう」と定義されている。ここでいう保育指導とは，保育所保育指針解説書（2008）において，保育士が保育の専門性を活かして行なう保護者に対する支援のことであると規定されている。つまり，保育士は，日々の保育活動をとおして得た，子どもの性格や友人との関係，心や身体の発達の特徴や課題についての理解をもとに，子どもや家庭に必要な援助が何かを見極め，子どもや家族に発達促進的にはたらきかけ，保護者の相談に応じることが求め

第10章 保育相談に求められる姿勢と技法

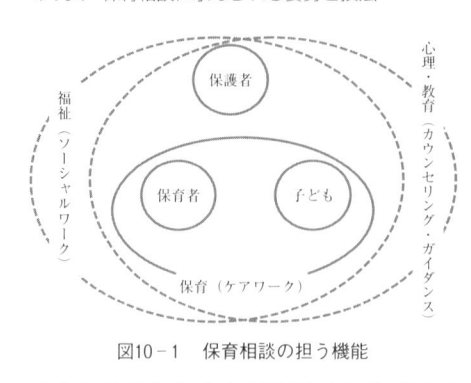

図10-1 保育相談の担う機能

（図中）福祉（ソーシャルワーク）／心理・教育（カウンセリング・ガイダンス）／保育（ケアワーク）／保護者／保育者／子ども

られている。また，状況によっては，他機関と連携をとり，必要な対応につないでいく。これらを総体的に行なうためには，保育（ケアワーク），心理（カウンセリング），教育（ガイダンス），福祉（ソーシャルワーク），といった，多角的な視点をもち，子どもや家庭を俯瞰したり，焦点をしぼるとらえ方が必要である（図10-1）。

子ども家庭福祉分野におけるソーシャルワークは「子どもや子育て家庭が抱える個々の生活課題に対して，その人に必要なソーシャルサポートネットワークづくりを行い，あるいはケースマネージメントによる問題解決を志向し，かつサービス利用後の関係調整等を行い，更に，同種の問題が起きないように福祉コミュニティーづくりをめざす一連の活動である」（柏女ら，2010）と定義される。おもに経済的なニーズや住居，健康，食物といった生活上の諸問題を扱い（柏女ら，2009）必要な福祉制度やサービスを探し，紹介し，つないでいくのが大きな役割といえる。具体的には，家族が生活をしていくうえで，支援が必要な領域があるかどうかを把握すること，必要があれば，経済的な問題や医療・健康などの問題は福祉事務所，保健所・保健センター等を紹介すること，養育の困難さを抱えていれば，その困難さの程度によって保健所・保健センター，子育て支援センターや児童相談所等と連携をとるというようなことである（第5章，第7章参照）。

教育（ガイダンス）には，子どもの発達特性や行動の意味をわかりやすく伝えたり，具体的な保育方法を伝授することなどが含まれる。たとえば，子どもの行動を発達的観点から説明したり日常生活のくふう，療育へのアドバイスもなされるだろう。また，ある程度体系化された親教育プログラムを導入して行なうこともある。

心理（カウンセリング）は，おもに保護者の心理的な課題についての相談である。医療機関や心理療法が必要な場合には臨床心理士や発達心理士等の専門家へ依頼することも必要である。

ここではソーシャルワーク，ガイダンス，カウンセリングの例を分けて示したが，これらの保育指導は，それぞれ単体で行なわれるのではなく，保護者との1回の話し合いのなかで，同時並行して行なわれていると考えてよい。話の内容から，どの側面の情報を得ているのか，この相談で何を目指すかを意識化するためには，各々の機能を理解することは有用であろう。

また，保育相談は，園や家庭訪問の折などに個別に行なわれることもあるし，保護者会やサークル等において集団に対して行なわれることもある。日記をもちいて，子どもの保育でのようすを保護者に伝えるという間接的な方法も，ポスター，情報紙，ホームページなどを介して複数の対象に対して伝えることも含むと考えてよいだろう（第4章参照）。

保育相談はこのように，複合的であり，重層的な視点から，親と子へアプローチすることを特徴としている。

2 ── 相談をする関係づくりの必要性

保育相談が機能するためには，保護者との間に良好な関係を築くことが欠かせない。望ましい社会資源の利用を勧めたり，望ましい養育行動を助言するとしても，保護者にそれを受け取る準備がなければ，受けとってもらえないばかりか，警戒されることにもなりかねない。

たとえば，子どもへの評価が否定的な保護者に対して，保育での子どものよいところを伝えて，子どもへの評価を変えようとする試みも，子どもの行動の多様な理解として受け入れられることばかりではない。とくに保育者の提示した内容が保護者のとらえ方と大きく異なる場合や，保護者が子育ての困難さを抱えているほど，そのまま受けとってもらうことはむずかしい。むしろ保護者の自信を失わせたり，保育者を警戒して避けたり，保護者自身が「責められた」と感じることになるかもしれない。その結果，保護者の気持ちが落ち着かなくなり，子どもにあたるというようなことも起きかねない。保護者から相談をもちかけることはさらにむずかしくなるだろう。

相談をするということは，相手に自分の弱い面をみせることである。養育に自信のない人や，葛藤の大きい人は自主的に相談をすること自体が怖い，困難なことといえる。保育者が相談の必要性を感じているが，当該の保護者から相

談がない場合，このようなケースが含まれている可能性を考慮に入れておく必要がある。

3 ── 問題の関係的な理解

'問題' としてとらえられることは，単独で存在するのではなく，家族や環境の相互作用のなかに存在する。原因（保護者の養育）→結果（子どもの問題）というように，1対1対応で行動をとらえ，子どもの問題を解決するために，保護者の養育態度を変えてもらうはたらきかけをするアプローチは有効にはたらかない。一見原因とみえるものが結果であるというような，円環的な因果関係で考えるほうが現実を反映している。

たとえば，ほかの子どもに乱暴なことをすることがめだつ子どもの保護者が，よく子どもを大きな声でしかっている場合，大声でしかるから子どもが乱暴になると考えられるだろうか。子どもが乱暴なことをするから，保護者が大きな声で止めるのだろうか。どちらが原因かを考えるよりも，相互に影響を与え合ったと理解するほうが現実的であり，また問題の解決につながる。相互に影響を与え合っているという理解がどのように問題解決につながるかについては3節で述べる。

4 ── 相談で何をめざすか

保育相談では，何を目標としたらよいだろうか。その時に抱えている問題の解決も重要だが，それに加えて，将来の家族の安定を見据える必要がある。子どもの成長にともない，子どもも家族もそれぞれの新しい発達課題に取り組むことになり，その時どきに，その家族なりに問題に取り組み，解決していく力をもつことが必要である。ここでは，2つの目標をあげる。

ひとつは，自分の生き方や子育てについて，ある程度自信をもって，肯定的な見方ができるようになることである。子どもを育てるのは新しい経験で，不安をともなう。多くの母親が育児不安を抱えており（第2章参照），幼児の保護者には，抑うつ傾向のみられる母親も少なくない（安藤ら，2008）。不安感を減らし，自分なりに対処できるためには，自分が子どもに必要とされており，また，自分は子どもの養育に役立っているという実感をもてることが役に立つ

だろう。

　もうひとつは，困ったときに，家族や友人，そのほかの社会的資源を利用し，相談をしたり頼ったりして，安心感を得ることができるようになることである。新しい問題が生じたときに，必要に応じて人に頼り，相談をして解決をすることが重要である。それには，保護者にとって，保育者に相談した経験が有用であったと感じられ，また必要があれば話してみようと思えることが望まれる。

2節 相談の基本姿勢

1——相談の基本的な技法

　相談の基本的な態度として，まず第1にあげられるのは，受容的な態度である。来談者中心療法で"価値判断のない受容"あるいは"あたたかい肯定的な受容"とされる受容は，カウンセリングのどの流派にも共通の中核的な技法と考えられている。それは，良し悪しの判断をせずに，相手の話をありのまま傾聴する姿勢である。話す内容に賛成できないことや自分の価値観と違うこと，保育者の視点から正しいとは思えないことがあったとしても，保護者がそう考えている，感じているのだというところを受け取って，聴く態度である。この受容された経験は，保育者が相談者に関心を向けており，保護者の存在を受け入れている，保護者の主体性を認めていることを伝え，保護者に心理的な安全感を生み，認められているという体験（平木・袰岩，2001）となると考えられる。

　では，受容していること，傾聴していることは，具体的にどのような姿勢や行為だろうか。相談者の話よりも先に出ず，どのような体験をして，何をどう感じているのかを，ともに眺め，保護者の感じ方，見方の枠から現実を眺めてみることである。肯いたり「そうですか」「なるほど」と相づちをうち，話を理解しながらついていっていることである。「大丈夫よ」と簡単に保証せず，「こうしたらよい」と自分のもっている枠組みからのアドバイスを安易にせず，語られた言葉をくり返して，次に何が語られるかを待つ姿勢である。

　たとえば，「うちの子は乱暴で…」と語る保護者に，「乱暴ですか」と，保護

者のいった言葉をくり返して返すのが，保護者よりも先に話をすすめない態度である。「そんなことないですよ。乱暴にみえますが，そうするには理由があるようですよ」とみずからの意見を述べるのではなく，子どもが乱暴かどうかという判断を控えて，その次に何が語られるか待つのである。また「子どもがおもちゃを投げたんです」と語られたとき，「たいへんでしたね」「びっくりなさったでしょう」と，感情に焦点をあてて明確化することで保育者が保護者の感情を理解しようとしていることが伝わるだろう。このような受容や傾聴をとおして保護者自身が認められる経験は，保育者と保護者との相談関係の基盤をつくることになる。

　保育者から保護者への質問は，保護者の話よりも一歩先に出ることになるので，関係づくりの段階ではなるべく避けたい。たずねたいことがあるときは，それが yes-no でこたえることになる，答えが限定的な「閉じられた問い（closed-question）」なのか，保護者が自由に話をすることができる「開かれた質問（open-question）」なのかを意識するとよいだろう。親が豊かに語ることができるのは，開かれた質問のほうだろう。

　話をするときのくふうとしては，対面ではなく，横に並んだり，90度に並んだりして話すと圧迫感が減る。

2────モデルとしての保育者

　保育相談における保育者は，保護者のモデルとなっている。ここでは否定的な感情を取り扱う例をあげよう。

　一般に，悲しい，つらいといった否定的な感情は受けとめやすいが，同じ否定的な感情でも，怒りは扱いにくい。保護者から怒りを向けられるときは，相談を受けるのにもエネルギーがいる。しかし，怒りが生じているときは，保護者にとっても困難な状況であることが推測される。保護者の困難な状況に対する感情を受けとめ，問題を整理する手助けをすることで，保護者のもっている問題解決の力が発揮される経験となるとよいだろう。保育者や施設に対する不満に対しても，必要以上に弁護的にならず，何に怒りがあり，その背後にどのような問題や必要性があるのかを注意深く傾聴する。否定的な感情を相談者とともに解決することは，次にひとりで感情をコントロールする助けとなる。さ

らに，保護者自身が子どもの否定的な気持ちを受けとめることにもつながるだろう。

否定的な感情を受けとめられて，信頼関係ができると，相談外でも，積極的に保育者をモデルとして使うこともある。つまり，ケアワークを行なう保育者の子どもへの声のかけ方，向き合い方，ほめ方など，保護者が保育者のしていることを取り入れて，子どもへの養育に取り組むことにつながる。

3 ── 守秘義務

保育者は，相談活動をとおしてさまざまな個人情報に接し，また，個人的な問題を相談される。これらを，正当な理由なく他者に話すことは，守秘義務に反する行為として禁じられている。しかし，だれにも話してはいけないというわけではない。たとえば，園のなかでの会議や，専門家の巡回相談やほかの専門機関との間では，情報として共有し，話し合うことが必要である。また，児童虐待防止法では，虐待のおそれのある児童を発見した場合，児童相談所等への通告を義務づけられており，通報義務は守秘義務を超えることになる。

3節 保護者の能力や資源を活かした相談支援

1 ── 自己決定の重要性

保育相談で，保護者から「どうしたらいいでしょうか」「問題でしょうか」といった質問を受けることはよくあるだろう。このような質問には，その問いが何を表わしているのかをよく考えて答える必要がある。

保護者の問いに対して，発達や保育の知見を伝えるガイダンスをする場合は，一般的な知見を伝えることで，保護者の子どもをみる視点や判断材料を増やすことができる。一方で，アドバイスは，しばしば保護者のもっている考えとは異なった枠組みを示すことになり，多かれ少なかれ相手の気持ちをゆり動かすことになる。保護者が，ひとつ新しい知識を得ることができるという肯定的な面と，それまでの自身の対応に自信がなくなったり自尊心を傷かされるという否定的な影響をあわせて考慮し，決断する必要がある。伝えたことを，保護者

がどう感じたかをたずねることで，その影響を確かめることができる。

2 ── 親子を育てる問題解決

相談対象には，離婚，シングルペアレント，家庭内の問題，経済的な問題，心身の病気，養育上の問題等多様な問題を抱えている保護者が含まれる。厳しい状況を生き，困難を抱えながら生活している家族に対しては，問題の大きさや保護者の問題のとらえ方の違いに戸惑うこともあるだろう。ここでは，ソーシャルワークや心理療法において，問題解決に用いる技法を紹介する。

(1) うまくいっていることに目を向ける

私たちは，何かができていないことに目がいきやすいが，うまくいっていることはあたりまえだと見過ごしがちである。しかし，うまくできているときに注意を払い，声をかける。そのことを取り上げて話をするアプローチは，保護者の自尊感情を高め，自信をつくり子育てへの動機づけを高めると考えられる。たとえば，「お子さんのようすをよくみていらっしゃるんですね」という支持は，自信につながるだろう。

(2) うまくいっていないことはやめて，何かほかのことをする

大声でしかって乱暴な行動が止まらないのであれば，別のことをしてみることを考える。この場合，別のこととは，しからない，というような"〜しない"という方法よりも，ほかの何かをすると考えたほうがよいようだ。人間は，

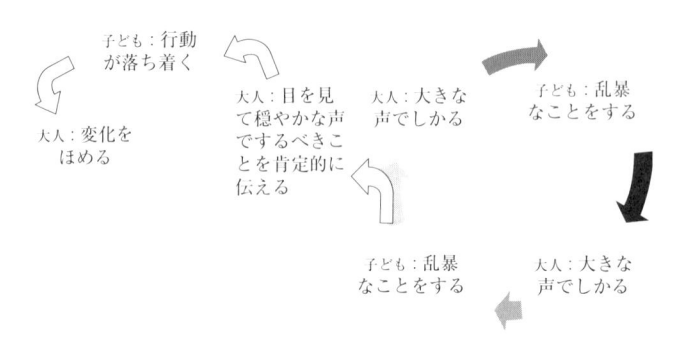

図10-2 固定した相互作用を変える小さな変化

注) 問題の循環的なモデル。いつも起きている相互作用の循環とは違うことをする（ここでは大きな声でしかるという態度を「目を見て穏やかな声で，するべきことを肯定的に伝える」に変える）と循環に小さな変化が生じ，別の相互作用のきっかけとなる。

何かをしない，(たとえば，動かない，話さないなど) ということはむずかしい。別の何をするかは保護者に聞いて，保護者が有効だと考えたものを採用するとよい (図10-2)。

(3) 今までのうまくいった例や変化をたずねる

「うまくできたときもありましたか」「その時はどうやってうまくできたのでしょうか」「3人のお子さんを育てるのはたいへんだったと思います。いったいどうやってこなされてきたのですか」というように，保護者の経験のなかから，うまくできたことを探し出し，それを試すことを提案する。保護者一人ひとりの養育には独自性があり，他者が別の枠組みからするアドバイスよりも，オリジナリティーに富んだ方法で問題をしのいでいることがある。

保護者が独自の方法を探し出し，試してみてまた修正して，という過程をともにするという態度が，保護者自身で問題を解決する力を育てることになる。

3 ── 心理教育プログラム

心理教育とは，子どもや保護者の治療ではなく，その名前のとおり教育である。親子の不必要な衝突の原因となるむずかしい状況や葛藤，ストレスを減らすことを目的としている。"むずかしい子育てをやさしくする" (上林ら，2002) ために考え方の枠組みについて学び，練習，実践し，生活がスムーズにいくことをめざしている。保護者向けのプログラムではあるが，保育者にとっても有用である。

心理教育プログラムは，とくに，発達の課題をもっている注意欠陥多動性障害 (ADHD) 児の保護者に向けたペアレントトレーニングや，虐待防止のために児童相談所などで取り入れられているサインズ・オブ・セイフティー・アプローチ，乳幼児から思春期の子どもをもつ保護者向けの CARE (Child Adult Relationship Enhancement)，愛着理論をもとにした COS (Circle of Security) など，多くのプログラムが海外から紹介されている。それぞれのプログラムの内容は重なる点も多く，効果の実証もされてきている。ここにその一部を紹介する。

ひとつは，ほめることである。望ましい行動をほめることで，子どもはその行動をくり返し行なうようになる。もうひとつは，してほしくない行動には，

注目を与えないことである。これらを組み合わせた例をみてみよう。食事中に立ち歩く子どもには，立って歩いているときに，「座って食べよう」「戻っておいで」と声をかけがちであるが，注目せず，声をかけないでいる。ほかの子どもたちと食事を続けているうちに，戻ってきたときがチャンスで，「戻ってきてえらかったね」「いすに座って食べられてすばらしい」とほめるのである。親しい大人に声をかけて注目してもらうことは，子どもにとって不可欠の心の栄養である。そのため，注目された行動は，子どもが意識するわけではないが，続くことになる。

　COSでは，子どものサインを読み取り，困った感情を受けとめる方法を学び，それを使う練習をとおして，安定した愛着を形成することをめざす（Hoffman et al., 2006）。保護者が子どもの要求に応答的でないと感じられるような場合，保護者自身の養育経験が関係することもある。たとえば，自分がとても厳しく育てられたと感じているので，子どもには自由にさせようと思って養育してきたが，その結果，しつけを一定にできず，子どもも混乱するということがある。あるいは，子どもが離れていくと自分がおいていかれたような気分になる人もいる。このように保護者は，多かれ少なかれ，自分の育ってきた経験を背景にもちながら子育てをしている。養育経験を治療的に取り上げることは保育相談ではむずかしいが，心理教育をとおして自分の養育の特徴を知り，その対処を学ぶことで対応することができるようになる。

　問題解決の技法や心理教育は，したことのないことを試してみるので練習が必要で，はじめは意識して行なう必要があるが，やがてくり返すうちに，それが，保護者の道具的な知識となり，自然にその方法を用いるようになる。自転車乗りの練習をしているときに，支えてもらった手を離されても気づかなかったように，自然に保護者に身についているようなガイダンスが望ましいだろう。

演習10　カウンセリングと心理教育について考えよう

カウンセリングや心理教育について，以下にあげた資料から，共通する特徴をひろってみよう。

カウンセリングの基本について学ぶことができる本

○佐治守夫・飯長喜一郎（編）『古典入門ロジャーズ　クライエント中心療法』　有斐閣　1984年
　　相談者を尊重する考え方，態度について学ぶことができる。
○平木典子『シリーズ心理臨床セミナー　家族との心理臨床―初心者のために』垣内出版　1998年
　　家族を理解する理論や技法について学ぶことができる。
○塩崎尚美（編）『実践に役立つ臨床心理学』　北樹出版　2008年
　　臨床心理の理論と実践例を学ぶことができる。

心理教育的なプログラムについて学ぶことができる本やサイト

○福丸由佳『CAREプログラムの日本への導入と実践―大人と子どものきずなを深める心理教育的介入プログラムについて』　白梅学園大学短期大学教育福祉研究センター研究年報, 14, 23-28.　1998年
　　CAREを紹介した日本ではじめての文献。
○伊藤順一郎・鈴木　丈　『SSTと心理教育』　中央法規出版　1997年
　　家族を理解する理論や技法について学ぶことができる。
○CARE（Child-Adult Relationship Enhancement）　http://care-japan.jimdo.com/
　　アメリカのシンシナティ子ども病院のトラウマ治療研修センターで開発されたトラウマをもった子どもや青少年の治療法を，子どもとかかわる大人に広く使えるように改良したプログラム。内容が子どもとのやりとりに絞られており，実践的である。
○COS（Circle of Security）　http://www.circleofsecurity.org/about.html

愛着理論にもとづき，子どもの探索行動と愛着行動，子どもの感情を納める方法，親自身の養育態度の特徴について映像をとおして理解し，修正する方法等について学ぶ．

○ Triple P（Positive Parenting Program）　http://www.triplep-japan.org/index.html
　　オーストラリアのクィーンズランド大学ペアレンティングファミリーサポートセンターと西オーストラリア州保健局健康サービスが共同開発した行動療法や応用行動療法を取り入れた家族介入のプログラム．

○ Nobody's Perfect　http://homepage3.nifty.com/NP-Japan/
　　カナダで開発された0歳から5歳までの子どもをもつ親向けのテキストと，保育つきの連続講座に用いられるプログラム．子どもの安全や応急処置，こころ，からだの成長について等の内容のなかに，しつけについての項目が含まれている．

○ J・W・キャタノ（著）　三沢直子（監）　幾島幸子（訳）『完璧な親なんていない！』ひとなる書房　2002年
　　巻末に日本の子育て支援についての情報も掲載されている．

○ 井上直美・井上　薫（編）『子ども虐待防止のための家族支援ガイド―サインズ・オブ・セイフティ・アプローチ入門』明石書房　2008年
　　オーストラリアで開発された，家族といっしょに虐待のない，安全で安心な家庭をつくるための実践的な方法が紹介されている．

第1章 保育相談の具体的な流れ

　本章では，保育相談の具体的な流れを追いながら，そのなかで必要となるアセスメントの方法とそれを支援に活かすための計画の立案，記録の残し方，実際の相談場面で留意すべきこと，保育所内外での連携のとり方などについて述べていく。

1節 保育相談支援のアセスメント

1――保育相談が始まるきっかけと場所，時間

　保育相談は大きく分けて，保護者からの要望にこたえて始まる場合と，クラス担任や園側の問題意識に基づいて始まるものとに分けられる。相談のニーズがどこから発生しているかによって，相談の始まり方やその後の流れは異なる。保護者からの要望がある場合には，保護者の側に相談への意欲や動機づけがあるため，始まりはスムーズである。保護者の相談内容に耳を傾けられるように，時間や場所の設定をくふうし，できる限りゆっくりと話しができる機会をもつことが望ましい。しかし，保育相談のために通常の保育に大きな支障をきたしてしまうことは避けるべきである。保育者も保護者も忙しく十分な時間をとることがむずかしければ，お迎えの際にわずかな時間をとるだけでもよい。後に

述べるアセスメントに基づいた支援計画をたて、活用できる記録を残していけば、実際に会って話す時間は必ずしも長くなくてもよいのである。治療的個人カウンセリングのように個室で1時間程度の時間をとって行なうという形態に縛られてしまうと、保育相談は機能しなくなってしまう。できるだけ多くの保護者のニーズにこたえるためにも、"できるときにできる場所で"を心がけることが、保育相談の基本である。時間が足りなければ、また別の日に話をすればよいし、連絡ノートのやりとりで補うこともできる。

一方、保護者にはあまり問題意識がなく、保育者側が支援の必要性を感じている場合は、個別の面接を行なうことはむずかしい。発達の遅れの可能性が感じられたり、保育者にとって「気になる子」の場合がそうである。このような子どもの保護者に対して、保育者から個別の相談をもちかけても拒否されてしまうことも少なくない。しかし、そうした「相談」場面がもてなければ支援にならないわけではない。むしろ、このような保護者には、ふだんの送迎時の短い時間のかかわりのなかや連絡ノートで子どものようすを伝えたり、保護者に家でのようすをたずねながら、少しずつ情報を集め、関係を築いていくことがスタートラインとなる。その際、子どもの問題行動や困ったことを伝えるよりも、できたことや楽しんで笑顔をみせたことを伝えたり、親の労をねぎらう言葉をかけるなどのくふうが必要である。「気にかけてもらえている」ことが伝わり、安心して話せることがわかっていくと、保護者のほうから不安に思っていることや子どもの気がかりなことなどが話されるようになっていくことが多いからである。

2 ── 保育相談におけるアセスメント

アセスメントとは、支援の対象となる人について「心理面」「社会・環境的側面」「身体的側面」など多様な視点から理解し、支援のための方向性を探っていくことである。そのためには、情報を多方面から収集し、それを整理することが必要となる。また、診断をつけることがアセスメントではない。たとえ医療機関で診断がつけられたとしても、診断名にとらわれず、実際に子どもや保護者とかかわるなかで何ができるのかを考えていくことが重要である。自分と子ども(保護者)との関係でみえてくるもの、感じたことを大事にし、成長

や変化の可能性を発見していくことがアセスメントなのである。さらに，実際に支援を行なってみてその効果を検討しながら軌道を修正していくことも必要となる。

(1) アセスメントのために必要な情報
①子どものアセスメント

子どものアセスメントでは，保育場面でみえてくることや感じたことが重要になる。それを保育記録に残し，支援に役立てるために，保育場面の記録を「身体・運動」「言語・コミュニケーション」「認知・情動」「行動」などの領域に分けたり，「生活」「遊び」などの場面に分けて整理しなおしてみる。相談支援を行なう場合には，子ども自身の発達の水準を理解するだけでなく，生活環境のなかでほかの子どもとのかかわりや，どのような遊びを好んでいるか，生き生きしていて十分に力が発揮できる場面とそうでない場面の違い，何ができて何ができないのかなどを詳細に観察し，理解していくことが必要である。また子どもどうしのトラブルやパニックなどが問題になっている場合には，それがどのような文脈において生じやすいのか，そのようなことが起こらないときはどのような時間，何をしているときなのかなどを注意深く観察することもたいせつとなる。

通常の保育のなかでみえていることは子どもの全体像ではない。とくに問題を感じてしまうと，子どもの不適切な行動ばかりが目につきほかの面がみえなくなってしまうことが多い。自分にはみえていないこともあるということを謙虚に認め，複数担任の場合はそれぞれの子どもについてのアセスメントを総合して整理していくことが望ましい。また，必要があれば，保育に入っていない主任や園長などがより客観的な視点から観察し，その情報も加えられると子どもの理解はさらに広がりをもつ。発達の遅れや障害を考慮しなければならない場合には，専門機関における検査やその機関の専門家による観察も行なわれる必要があるだろう。

②保護者に関連するアセスメント

保護者について必要な情報は，子どもに関連するものと，保護者自身についてのものがある。子どもに対してどのような感情をもち，どのような子どもだと理解しているか，子育てについてどのように感じているか，どのように子ど

もを育てようとしているかなどを日ごろの会話や面接，連絡ノートの内容などから理解する。ここで得られた情報と保育者の子どもについてのとらえ方を照合し，その共通点やずれを明らかにしておくこともアセスメントとして重要である。とくにずれや相違がある場合には，専門家である自分の見方が正しいと決めつけず，それがなぜ生まれてきたのかを考えていくことが，保護者や子どもの理解につながる。

　保護者自身に関しては，自分自身がどのように育てられたのか，乗り越えられてない心の問題はあるのか，なんらかの精神的な問題を抱えているのかなど個人的な情報と，夫婦関係や舅姑関係，就労状況や経済的状況などの情報がある。しかし，これらの情報に関しては，無理に聞き出す必要はない。わかる範囲の情報を整理して記録しておき，子どもとの関係を考えたり，支援をしていくうえで役立てていけばよい。「話したくない」「話せない」ということも現時点での重要な情報であり，その気持ちも受け入れることが支援なのである。

　保育現場で保護者の相談支援を行なう際には，子育てや子どもに関する相談がほとんどである。しかし，子どもの発達は保護者や家族からの影響を受けやすく，実は保護者自身や夫婦関係，嫁姑関係などの問題が背景にあることもある。このような問題に保育相談支援でどこまでかかわるのかは，むずかしいところである。保護者が望まないのに踏み込むことは避けるべきであるが，保護者が自然に心を開いて自身の問題や夫婦関係の問題を語るようであれば，しっかり耳を傾け苦しみを理解しながら聴くこともたいせつである。それによって子どもとの関係が改善したり，子どもの発達が促進されることもあるからである。ただし，このような話を聞く場合，そのための時間を割くことができるのか，それによって保育に支障をきたさないかどうかを検討する必要があるだろう。保育者としての役割を超えると思ったときには，専門の相談機関などを紹介する，あるいは話を聞く役割は園長などに任せることも考えなくてはいけない。また親どうしのかかわりをアセスメントすることも重要である。保育者が話をする時間がとれなくても，親どうしが関係をはぐくむことで互いに相談できるようになれば，問題が解決することもあるからである。

③ **保育環境のアセスメント**

　保育の現場で支援をする際に忘れてはならないことが，子どもを取り巻く保

育環境のアセスメントである。それは，相談対象となる子どもだけでなく，クラス全体がどのような目的をもって日々の保育が運営されているのか，子どもたちが何に熱中しているのか，どのようなものがよく使われているのか，生活の流れや落ち着きはどうか，どのような集団がつくられているのかなど，広い視点をもってアセスメントすることである。これは，クラス運営や保育という視点を保育者が見失わずに，そのなかで相談対象となっている子どもをどのように支援していくのかを考えることにつながる重要なポイントである。保育相談支援が行なわれると，ともすると対象となる子どもだけが特別な存在となってしまい，クラス全体がみえなくなってしまうことが多い。そのようにならないためにも，このような視点を絶えず意識している必要がある。クラスの活動のなかで対象となる子どもが集団に入れるようになると，ほかの子どもたちがかかわりをくふうしたり，積極的にかかわるようになり，子どもの問題が解決していくことも少なくない。それによって保護者の相談の必要性がなくなることもある。

④ **社会的資源のアセスメント**

支援を考えていくうえで，その保護者と子どもにとって活かすことができる社会的資源をアセスメントする必要もある。遊びに行くことができる公園や施設，近隣に住む児童委員や民生委員の紹介，相談できる機関や，専門の療育機関・治療機関の情報を集め，今必要な資源は何か，保護者にとって利用しやすい資源は何かをアセスメントすることで，子どもや保護者を多くの人で支援していく体制を整えることができる。現時点での活用可能な社会的資源を明らかにするために，エコマップ[*1]を作成してもよい（久保，2006）。

⑤ **保育者自身のアセスメント**

さらに，支援をしていくうえで忘れてはならないのが，支援する保育者自身が自分についてのアセスメントをすることである。これは，自分と支援の対象となる保護者との関係を客観的に理解し，適度な距離をとりながら支援していくうえで欠かせないことである。支援を行なう保育者は，保育者自身の子ども

[*1] おもに社会福祉の領域で開発されてきた方法であり，福祉的なニーズ，課題をもった人に対してどのような社会的資源があるかを地図のようにして表わし，家族とそれぞれの援助者や社会的資源との関係をわかりやすくまとめた図。

の問題のとらえ方や子どもに対する感情，保護者に対する感情を意識し，自分にとって過剰負担になっていないか，荷が重すぎると感じていないか，感情移入して抱え込みすぎてないかなどを冷静に考える必要がある。これを怠ると知らないうちに疲労やストレスをため込んで燃え尽きてしまうこともある。カウンセリングの初学者が必ずスーパービジョンを受けるように，保育相談支援を行なう際にも自分のかかわりを第三者に検討してもらう機会をもつことを忘れてはならない。さらに物理的な仕事時間の配分についても自分自身で把握し，保育相談に割くことのできる時間はどの程度あるのかを見極めておくことも必要である。

⑥**リスクと緊急性のアセスメント**

さらに，生命の危険にかかわるようなリスクはないか，緊急を要することかどうかをアセスメントし，必要があれば緊急に介入，対応することも忘れてはならない。

2節 アセスメントを活かした支援計画の立案

以上の6つの側面のアセスメントを行なったうえで，どのような場面でどのような点に焦点をあてていけば有効な援助ができるのか，支援計画をたてて支援を実践していくことが，日常の保育のなかで相談を行なううえで欠かせないことである。支援計画をたてる際には，アセスメントの内容を整理して記録したうえで，どの部分にはたらきかけるのか，具体的に何をするのかを記録する。また，支援がどのような効果をもたらしたのか，子どもや保護者にはどんな影響があったのかなども記録できるように，アセスメントと支援計画を対応できる記録用紙があるとよい。たとえば表11-1のようなものである。

1——子どもに対する支援

保育場面においては，子どもが生き生きしたり，満足できる場面，自信がもてる活動をどのように保育のなかで取り入れていくかを，ほかの子どもやクラス全体の活動との関係で検討していくことが第1である。クラス集団になじめない，別の行動をしてしまうといった問題がある場合には，担当の保育者を決

2節　アセスメントを活かした支援計画の立案

表11-1　アセスメントと支援計画記録表

相談者　　氏名　　　　　　　子どもの年齢（　　歳　　カ月）　記録日（　年　月　日）

対象	項目	アセスメント内容	ニーズ	支援計画	実施後の影響	家族構成
子ども	身体・健康					
	人間関係					
	情緒					
	言葉					
	表現					
	生活					
	遊び					
	その他					
保護者	子どもとのかかわり					それぞれの関係図
	子どものとらえ方					
	保護者自身の問題					
	夫婦関係					エコマップ
	その他					
保育環境						
活用できる資源						

めて個別にかかわることも必要であるが，その子の興味のもてる遊びや得意な活動を適度に取り入れ，クラス集団のなかでほかの子どもとのかかわりが生まれるようにくふうする必要もある。たとえ，専門機関で診断や障害名がついていたとしても，それにとらわれずに，その子どもとの日々のかかわりのなかでみえてくるものや保育者として感じていることを活かして，かかわってみる。パニックや子どもどうしのトラブルには，その行動への対処に気をとられすぎず，環境のアセスメントで得た情報を活かして，引き金となるできごとや状況を理解し，その時の子どもの気持ちを想像しながらかかわる方法や，ほかの子どもとのかかわり方を伝えていくような支援を探っていく。

2 ── 保護者に対する支援

(1) 保護者がみずから相談をする場合

　保護者がみずから相談を望んでいる場合には，アセスメントの内容から保護者の求めていること（ニーズ）を明確にし，じっくり話に耳を傾けるのか，なんらかのアドバイスをするのかを検討する。保護者の話を批判せずに耳を傾けて聴くことはなによりもたいせつである。しかし，保護者が子どもに否定的なかかわりをしていると，ついアドバイスをしてしまうこともあるだろう。アドバイスや具体的な子育ての方法を伝えるときには，それが保護者にとってどのように影響するのかを考えながら行なう必要がある。また伝えたあとの反応からその影響を理解することもたいせつである。保護者から具体的な対応のアドバイスを求められたときにも，すぐに答えてしまうのではなく，子どもの家庭でのようすを聞き，園でのようすを伝え，子どもが生き生きできる場面，自信をもって取り組んでいることを保護者といっしょに考えていくほうがよい。保育者がアドバイスをしてしまうと，保護者が自分で自発的に取り組んでいこうという意欲を失わせてしまうことがあるので注意が必要である。アドバイスをする場合には，それをやってみてどうだったか，その時にどのような気持ちになったのかなどを話し合うくふうをしなければならない。支援をとおして，保護者が子育てに自信をもち，子育てを楽しいと感じることができるようになることがたいせつである。

(2) 保育者が支援の必要性を感じている場合

この場合は，子どもへのはたらきかけやクラスのなかでの子どもの成長を支援して，間接的に保護者の支援をしていくほうがよい。また，送迎時の声かけや連絡ノートのやりとりなど，小さなコミュニケーションをとおして，問題行動の背景にある子どもの気持ちや子どもの肯定的な行動を，保護者にどのように伝えていくかを検討する。子どもが変化すると，保護者とのかかわりが変化し，結果として保護者が変わっていくことも多い。また，子どもが成長していく姿をみて，園に対して好意的な感情をもってくれるようにもなる。そのような変化が表われてきてから保護者に相談を提案したり，専門機関を紹介すると，スムーズに運ぶことが多い。それまでは焦らずに，子どもへの支援を続けていくことである。

このような支援でたいせつなことは，クラス担任や保育所・園全体で事例を検討するカンファレンスを行ない，子どもと保護者のアセスメントを共有し，どのように支援するのかについて共通の理解を得ておくことである。保育者によって対応がばらばらになってしまうと園に対する信頼が失われてしまうこともあるので注意が必要である。

また，保護者になんらかの精神的な問題が疑われるような場合には，職員間で役割を分担し，保護者の味方になる担当の職員と，医療機関受診をすすめたり，トラブルが生じたときに毅然とした態度で接する役割の職員とに分かれて対応していくことが必要な場合もある。このようなケースの場合には専門的な知識を学んだり，コンサルテーションを受けることも必要であろう。

保護者への支援では相談内容と状況に適した支援計画をたてる必要があるが，たくさんの情報を整理することは容易ではない。アセスメント内容を整理し支援計画をたてるうえで「保護者支援のためのアセスメントフローチャート」（足立，2008）などを参考にするとよいだろう。

(3) 地域資源の活用と関係機関との連携

保育者自身の負担感や仕事の配分などをアセスメントしたときに，過重負担になっているようであれば，可能な限りほかの相談機関の紹介ができるように準備しておかなければならない。どのような機関がふさわしいかを検討し，そこに行くとどのような相談にのってもらえるのかなど具体的なイメージを伝え

ながら紹介すると比較的スムーズにリファー[*2]できることが多い。そのためにも日ごろから地域の相談機関（教育相談や子ども家庭支援センター，民間相談施設など）についての情報を把握し，会って話をしたりいっしょに勉強会をするなどして，つながりをもっておくとよい。

　虐待が疑われたり，経済的に公的な支援が必要だと考えられる場合には，できるだけ早い時期から関係機関との連携をつくり，情報交換をする必要がある。理想的には，保健センター，児童相談所，福祉事務所，虐待相談センターなどと，保育所や幼稚園から代表者が集まって連絡会議が開かれることが望ましいが，現実にはそれぞれの機関が多忙をきわめ，時間調整が不可能なことが多い。ほかの機関が動くことを待つよりも，子どもが通っている保育所や園がそれぞれの機関に連絡をとり，なんらかの情報があるかどうかを確認するとともに，保育所で虐待が疑われることを伝え，可能ならば子どものようすを園に見に来てもらうことから始めるとよい。子どもが毎日通っている場である保育所・園では，子どものようすの変化を一番に知ることができる。けがをしていたり，連続して欠席しているときなどにはすぐに他機関に連絡をとることが可能である。保育所や園を要にしてさまざまな機関に情報が伝わり，保育所に他機関からの情報を集約しておくことで，緊急事態への対応の準備を整えておく。もちろん子どもの生命に危険が及ぶほどの緊急な状況であれば，早急に児童相談所に保護を求めることは言うまでもない。

3節　カンファレンス

　保育相談支援は1人で支援をするのではなく，複数の支援者が共同でかかわることがほとんどである。そのために情報をいかに共有するのかがその成否を分けるポイントになる。情報を共有し支援者が互いに同じ方向性で支援ができるようにするために行なうのがカンファレンスである。カンファレンスには，保育所・幼稚園の内部で行なうものと，外部機関といっしょに行なうものとがある。

[*2] 治療などのために被援助者をより専門的な機関に紹介し，その機関に通うことができるように仲介すること。

カンファレンスは支援開始前と，その後経過を追いながら必要に応じて何回か行なわれることが理想である。支援開始前には，支援計画を確認し合い，途中のカンファレンスでは支援が有効にはたらいているかどうかを検討し，必要があれば修正を加えていく。

　カンファレンスで重要になるのは，異なる視点をもった人間が同じ子どもと保護者について，異なるとらえ方をしていることを，どのように話し合い，統合していくかということである。ともすれば権威のある人の意見に左右されがちであるが，一人ひとりのとらえ方が尊重されるようなカンファレンスをめざす必要がある。子どもと最も近い関係にある保育者の視点と，客観的にクラス全体のなかで子どもの姿をみる視点，問題のある行動に目が向きがちな保育者と，子どもが生き生きしている姿をとらえている保育者など，それぞれの目がとらえたすべての情報がたいせつであり，そのなかで今はどこにはたらきかけることが効果的かを検討することがカンファレンスの意義である。

　また虐待が疑われる場合など必要があれば，他機関とともにカンファレンスを行なうこともあるが，このような場合にはさらに問題をとらえる視点が多様になり，目的の共有はむずかしくなる。無理に同じ意見に統一しようとするのではなく，それぞれの違いを認め合い，とらえ方の違いを活かした役割分担を検討することが重要である。カンファレンスの記録には，だれからどのような意見がでたのか，できるだけ具体的な内容を記載し，それぞれの見解の違いや役割分担，最終的な方針を明記しておく。

　カンファレンスで情報を共有することと，秘密を守ることは一見矛盾するようであるが，支援のために必要な情報は支援に携わる人間のなかで共有されることが必要であり，ひとりの人間だけが情報を知っていることは適切ではない。もちろん「だれにも話さないでほしい」と言われていることをむやみに話すことは信頼を裏切ることになるので，「園全体で助けになりたいので，かかわりをもつ一部の人には話をしなければならないこともある」と保護者に伝え，許可を得てから話すという配慮も必要である。また，相談の記録やカンファレンスの資料などは外部に持ち出してはならないし，破棄するときにも溶解処理など特別な方法を用いなければならない。

　保育相談はアセスメントから支援計画と具体的な実践をくり返しながら続け

ていくものである。担任や相談を受けた保育者がひとりで行なうものではないだけに，アセスメントや相談の実践を記録に残してだれがみても経過がわかるようにしておくことが重要である。就学後も支援継続する必要がある場合にも，そのような経過の記録があれば，小学校との連携もスムーズになるだろう。

演習11　保育相談に活かすアセスメントについて考えよう

保育相談におけるアセスメントを支援に生かすためには，どのようなアセスメントの視点が必要なのかグループで話し合ってみよう。また，それをわかりやすく記録するための記録用紙を本章の表11-1を参考に作成してみよう。

アセスメントについて学ぶ際に役立つサイト

○アセスメントとは　http://dictionary.sanseido-publ.co.jp/topic/10minnw/037assessment.html
　　アセスメントの用語解説，歴史，分野などが解説されている。

子どものアセスメントを学ぶための本

○杉原一昭・大川一郎・藤岡久美子・桜井茂男・藤生英行（編）『発達臨床教育相談マニュアル―アセスメントと支援の実際』　川島書店　2006年
　　子どもの多様化した問題を理解・把握し，より適切に対応するにはどうしたらよいのかを具体的に述べている。かかわる側の素朴な疑問（「何か変」「友だちとなじめない」など）から出発し，診断名とその定義・症状，診断方法，原因，援助，対処法，検査などがわかりやすく解説されている。
○松本真理子・金子一史（編）『子どもの臨床心理アセスメント―子ども・家族・学校支援のために』　金剛出版　2010年
　　子どもだけでなく，子どもと対象との関係をアセスメントするための多様な視点と具体的な方法を学ぶことができる。また，支援をしていくための記録シートやチェックリストも多数紹介されていて，保育相談支援の参考にできる内容である。
○本郷一夫（編）『子どもの理解と支援のための発達アセスメント』　有斐閣　2008年
　　知的・発達的側面，情動的側面，医学・生理学的側面に分けてアセスメントに必要な視点を解説しているほか，クラス集団や家庭・保護者のアセスメ

ントにもふれ，さらに保育・教育の場における発達アセスメントと支援の進め方も詳述されている。

○浜谷直人　「巡回相談」　下山晴彦・松澤広和（編）『実践　心理アセスメント—職域別・発達段階別・問題別でわかる援助につながるアセスメント』　日本評論社　Pp. 38-45.　2008年

　　心理学等の専門職が，保育や教育の現場に出向いて子どもの問題などの相談に乗る巡回相談におけるアセスメントについて述べられたものであるが，保育現場での支援において，子どもの肯定的な行動が形成される状況をできるだけ豊かに描くアセスメントの重要性を学ぶことができる。

○園山繁樹　「行動問題のアセスメントと支援」　本郷一夫・長崎　勤（編）『特別支援教育における臨床発達心理学的アプローチ』　ミネルヴァ書房　Pp. 67-83.　2006年

　　行動問題は，本人の特性と環境の特性の不調和を表わすものととらえ，特定の行動問題が生じる環境要因を明らかにするための「機能的アセスメント」の方法を紹介している。

アセスメントについて考える際には，以下のような視点がたいせつである。
① 発達をさまざまな領域に分けてとらえる。たとえば，言語・コミュニケーション，認知，身体・運動，社会性，情緒，生活スキル等である。また，年齢相応の発達をしている領域，遅れている領域，年齢よりも優れている領域を明らかにしていく。
② 子どもだけでなく，保護者や家族，クラス全体，かかわる保育者など多くの人をアセスメントし，さらにそれらの人間どうしの関係性についてもアセスメントする。関係図を描くとわかりやすい。
③ 子どもを含む問題状況全体をアセスメントする。環境との相互作用を理解し，問題が生起する環境だけでなく，肯定的な行動が生起する環境にも注目し，子どもが変化・成長していく可能性を探っていく。
④ 具体的なかかわりがどのような結果をもたらしたのか，だれにどのように影響したのかなど支援の効果をアセスメントし，さらに次のかかわりにつなげていく。

第12章
保育者の成長と研修のあり方

　保育者は養成課程を終え，現場で働き始めて，もうそれで十分な一人前となるわけではない。むしろ，いかなる専門家も当初は新米であり，仕事に慣れておらず，その内しだいに現場の実践に慣れ親しみ，ちゃんとした業務に携わるようになっていく。だが，専門家であるとは，その初歩の慣れを超えて，絶えず研鑽（けんさん）を積み続けることにより，その位置にあり得るのである。では，どういった形で学び，自己を高めていけばよいのか。さらに，保育相談の専門性を高めるにはとりわけ何をしていったらよいのだろうか。

1節　保育者の成長

　保育所の保育士などについて，経験年数と職場での役割に応じて3段階ないし4段階くらいに分けて，その職能の成長をみていくとよい。

1——初心の段階

　保育士の場合，幼稚園や小中高の教諭と異なり，初任者研修という制度の義務づけはない。一部の自治体はそういった試みを保育士についても行なっていて，自治体の研修に頻度多く参加するとともに，外部の講師（おもに元保育士や元保育園長）が来訪して，保育を参観して，助言を言ってもらえる。

第12章 保育者の成長と研修のあり方

　そのことは，養成課程を卒業して現場に入ったその日から一人前というわけにはいかないということである。とくに，最初の1年を終えるには多くの困難に出合うことになる。就職した人たちにたずねると，いくつかポイントがあるようだ。

　もちろん，その特定の園に就職したとしたら，その園のやり方を覚える必要がある。どんな園にも共通するところも，その園の独自な点もあるだろうが，いずれにせよ，養成段階の実習などですべて身につけるというわけにいかないことがいくらでもある。そのことで1年間追われ続けるかもしれない。とくにいくつもの仕事が並行し，続いていくから，時間が常に足りず，でもともかく毎日やらねばならないことが多い。仕事の進め方を身につけるのに1年はかかるだろう。

　その際，まずは1人で考えて工夫するというより，先輩の真似をしたり，その園のやり方にひとまず従うとよい。自分なりのやり方とか，クラスの子どもに応じた対応というのは，その基本を真似たうえで，子どもの実際の活動に応じて修正していけばよいのである。初めからあまり意気込まず，まずは一通りのことができることを目指す。

　とはいえ，実際にクラスをもつと，いろいろな子どもがいて，一通りのやり方では対応できないことはすぐにわかる。障害があるということまでいかなくても，通常の保育のやり方にすぐには乗ってこないかもしれない。といって，養成校で教わったように，一人ひとりを大事にして，その子どもの個性を尊重するといっても，どうしてよいかわからないし，園の一斉の活動にそれぞれの子どもを組み込む必要もある。その間の葛藤があることがあたりまえであり，そのどちらもが大事なのだと覚悟することである。そこからしだいに，どうしたらよいかのやり方も生み出されていくだろう。

　保育のそういった工夫は自然に生まれるというものではない。日々の保育をふり返り，記録をとって，見直し，明日また来週への指導計画を検討し直すところから，新たな見通しが生まれ，型通りではない工夫に思いいたる。そういった時間を日々の朝から晩までの時間に組み入れて，毎日短い時間でよいので，ふり返りと今後の見通しをたてる習慣をつけることが保育者の専門性の確立の第一歩である。

　そういった省察を支え，発展させるためにも，園の内外の研修に積極的に参

加するのである。外部の研修の機会が割り当てられたり，あるいは参加を奨励されたりするだろう。その際に，縁遠いテーマであると思っても，その研修の時間を大事にして，理解に努め，学んだことをまとめ直してみるとよい。学んだことが日々の自分の保育のどこかにつながることがないかと探してみるのである。

2 ── 中堅に入る段階

　5年もたてば，たいていの園では中堅の部類に入るようになるのではないか。すでにいくつかの年齢を担任として経験し，子どもの発達のようすも一通り頭に入っている。年のいくつかの時期の子どもの実態も見当がつく。年間の行事も何をするかわかっている。活動を進めるための材料や道具の用意などもできるようになった。記録をとり，指導計画を直しつつ，子どもの活動の発展を考えることもできる。

　そういった保育者としての基本をわきまえたうえで，子どもの一人ひとりのようすやその背景もみえるようになってくる。家庭背景や保護者のようすもわかってきて，またその子どもの小さい時期からの育ちの経緯も理解する。子どもの今の保育でのむずかしさの根の深さ・浅さや問題の広がりが推察できるようになる。そうなると，保育相談としての仕事がかかわってくることになる。

　保育をしていて，対応に困る子どもがいる。だから，すぐに相談へということではなく，自分なりに問題の根や背景をとらえ直してみる。自分の保育のあり方を見直すことで，改善できることかもしれない。とはいえ，自分の今の力量がいきなり飛躍的に上がることはあり得ない。できる範囲でしか対応できない。手に負えそうもないことは助力を得る必要がある。同僚に助けを求め，園長などの管理職に支えをしてもらうようにする。同時に，保護者と折にふれて顔を合わすなかで，ともに子どもにかかわる立場として話し合いもする。

　時にはやはり専門家の助言を求めるべきだと思えることもでてくる。自分一人で何とかできるということはだれしも限界があるものだ。必要なときに助力を得るよう申し出られるのも一人前になる証である。

3──現場のリーダー層の段階

　保育の現場で10年くらいを過ごすと，そろそろリーダーの仲間入りをすることになるかもしれない。後進がかなり入ってきて，その人たちを導くこともあるだろう。保育課程や年間指導計画をつくり直すときなどの中心になるかもしれない。管理職を補佐して，園の全体のあり方を検討することもでてくるだろう。

　だが同時に，保育の行き詰まりを感じることがないだろうか。保育で求められることは一応なんでもこなせる。後輩にだって指導をして，園で必要なやり方の手本を示せる。時には園を代表して，研修会で実践の発表もするかもしれない。主任といった役に就く人もでてくるだろう。だが，さらに一段飛躍したいと思うことはあるのではないか。

　憧れていた保育を思い起こすと，それにはまだ遠く及ばないと思える。もっと高いレベルをめざすべきではないかとも思う。園全体を見回すと，やれていないことは結構ある。指針が改定されたり，新たな方針ができたりして，それにどう応じていけばよいのか，これまでのやり方どおりではうまくいきそうにもない。

　一通りはできても，やはり保育の扱いがむずかしい子どもはいる。保護者と話していても，どう要求に応じるか困ることもある。いくら話しても手応えのない保護者もいることだろう。

　本格的にもっと保育について学びたい。保育の周辺のことだと思っていたことの大事さがみえてきて，ちゃんと勉強しないと，今後の保育がむずかしいと感じる。たとえば，遊具の扱いはこれでよいのか，その教育可能性をどうすれば引き出せるのか，あるいは，発達障害について知りたい，カウンセリングはどうしていけばよいのだろうか。

　専門家が専門的であるとは，一人前にできあがり，あとはその力で日々をこなしていくということではない。新たな問題が絶えず生まれてきて，これまでの蓄積では足りないとわかり，研修を重ねつつ，その知識やスキルを日々の保育の問題につなげられることが専門性を示すものである。そのことが身にしみてわかるとき，保育者であることの新たな段階に入るのである。

2節 保育者のやりがいとメンタルヘルスの保持

1 ── 子ども相手の専門的な仕事として

　保育の専門家であり続けるとは，その喜びとともにしんどさが常につきまとうのである。子どもは日々遊びや生活に生き生きとした姿を示し，成長していく。それといっしょに過ごし，かかわる保育の仕事のすばらしさを実感できて，やりがいを感じる毎日を過ごしていることだろう。

　とはいえ，日常の仕事はきりもなく，仕事時間ですっきりと片づくことはめったにない。保育の仕事はとくに多面的であり，保育者はなんでも屋である。子どもを育てるとは，ある面に特化して，そこだけを伸ばすということではない。子どもの発達は全面的なものである。なによりバランスが大事になる。さらにその背景に子どもの生活があり，それを安定したものにと支えていく必要がある。だからこそ，あれこれと配慮は絶えず，どこにも手を抜いてよいことはない。

　それは家庭の主婦に似ている。日々雑多な仕事があり，絶えずそれらが並行してやってきて，1つのことに専念することを許さない。たしかに子どもの成長をともにして，それを目の前にするだけでなく，子どもとやりとりをしつつ，成長に関与できるという大きな喜びがある。だがまた，細かいストレスにはきりがない。

　そのうえ，主婦と違って，専門的な立場から子どもの成長を見通して，そのための手立てを打っていくのである。また子どもがつまずいていたり，困っていたりしたら，その対応を考え，応じていく。業務にともなう作成すべき書類も，日誌やクラス便り，指導計画から始まって，事務的書類の数々がある。

2 ── 保護者相手の仕事として

　保護者との対応にも心を砕かねばならない。子育て支援は保育士の大事な業務となっている。また預かっている子どもの保護者として絶えず連絡をとることも必要であるし，保育のあり方や保育中の子どものようす，また保育をとおして子どもの成長していく姿などを伝えて，安心してもらうとともに，保育へ

の理解を進めるのである。家庭での子どものようすを知ることで、保育への配慮を加えていくこともある。

　保護者とは毎日の送り迎えの折りに顔を合わせたり、連絡帳によりようすを伝え合ったり、クラスだよりなどで保育での子どものようすや保育の方針などをわかってもらうようにする。そのための作業も保育士の大事な仕事となる。最近では、保育中の子どものようすを写真に撮り、プリントアウトしたものを玄関あたりに貼っておいたり、インターネットサイトに載せておくところもでてきた。

　保護者相手のやりとりはおそらく若手の保育者にとって最も気をつかうところではないだろうか。どの保護者も自分の子どもがかわいいのだから、どうしても自己中心的な面はある。なにより自分の子どもの育ちを気にする。そこでトラブルがあるなら、保育所側に文句を言ってもくるだろう。そのなかには時にかなり保育者側には厳しい指摘や要求があるかもしれない。なにより保護者の言い分にじっくりと耳を傾け、そこで何を心配し、気にかけているかを共感することである。そこから信頼関係を構築しながら、理不尽な要求には施設長とともに適切に対応するのであるが、多くはもっともな点があるのだから、誠実に受け入れるべきところを受け入れつつ、保育側の方針を伝えていくのである。

　なにより保育をとおして子どもが成長していく事実をわかるようにしていくことに意味がある。子どもが成長することを保育者と保護者がともにすることをとおして、保護者との信頼関係はつくられる。

3 ── 同僚どうしの支え合い

　子ども相手にせよ、保護者との対応にせよ、困ったときに相談相手になり、支えてくれるのが同僚であり、主任や園長である。それらの人たちとの関係が良好かどうかが保育の仕事のたいへんさがむしろやりがいに変わるかどうかに大きく影響する。

　気軽に相談できるかどうか。それ以前に、ふだんからちょっとしたおしゃべりができて、その折に子どもの話題がでたりするか。子どもや保護者への批判ではなく、どうすればよい関係が築けるかについて助言がでてくるかどうか。本当に困った事態になったときに、担当の保育者の不手際を責めるのではなく、

いっしょになって親身に考えてくれる人たちなのか。

　保育とはけっして1人の担当者がすべての責任をもって進めることではない。保育所としてなら，その組織全体が子どもを預かるのであり，まして保育課程や指導計画は園としての責任のもとで決められることである。個別の対応は個々の保育士に任せられ，その工夫が奨励される。しかし，それはいざというときにまでその人に対応をゆだねているということではない。

4　多忙さに消耗しないために

　保育の仕事は忙しい。日々を追われて過ごすことになる。そこに，子どもの保育でむずかしいことがあったり，保護者との対応で困難が生まれたり，さらに事故などが起これば，応じきれないほどのストレスを抱えるかもしれない。

　なにより同僚との関係が重要になる。支え合う関係となるかどうか。また主任・園長などが支えてくれるのかどうか。ところが，そこでまたトラブルが生まれることもある。気が合わないといったことから始まって，相手が批判が先立つ人であったり，そもそもの保育観が相当に異なり，ちょっとした日々の保育の計画で方針が食い違ったりする。

　とくに初心の段階では，毎日の日課としての仕事をこなすので精一杯だろう。それでよいのである。まずは基本をこなすことである。それ以上を悩むのは早すぎる。それを超えて困ったことがあったら，まわりの人と相談し，助けてもらうことは遠慮しないでよい。

　だが，初心の時期をすぎるとそうも甘えていられない。一人前扱いを受けることになる。とはいえ，むずかしい問題はいくらでもでてくるだろう。まわりに相談することにもつい遠慮を感じてしまう。もっといろいろな仕事を効率よくこなせるようにならなければいけないとも思う。一方で，日ごろの業務には馴れてこなしていけるのだが，それだけで処理できないことに向き合わざるを得ないのである。だが，だからこそ，同僚たちと力を合わせて，園としての力量向上にともに協力し合うようにしていくのである。ちょっとした話し合いの時間こそが大事なものとなる。

　同時に，さらに高いものをめざして，勉強を始めるとよい。外部の研修会に参加したり，保育雑誌を読む。保育の技術力を磨く。また専門性を深めること

も意味がある。たとえば，保育相談についてもっと専門的に学ぶ機会を得るようにするのである。そういった積極的な姿勢こそが専門性を向上させ，そうすると，日ごろの保育でのストレスがかえって「肥やし」ともなるに違いない。

3節 保育相談の質の向上と研修のあり方

保育相談を質の高いものにしていくにはどうしたらよいのだろうか。

1——助言と傾聴の違いと関連

多くの保育士にとって相談にのるとは，適切な助言を経験に基づいて与えることであると思いがちである。たしかに助言を与えることが必要なことは多いが，実はその前に，相手の言おうとしていることをていねいに聴きとる必要がある。

この傾聴とはたんに相手の真意を汲みとるという意味ではない。たしかに保護者の言っていることの趣旨がつかみにくいことはある。だが，傾聴において大事なことは，そういった理解以前の共感である。何か言いたいと思うくらい，気にかけていて，思い詰めていることがある。そのたいへんさを受けとめることである。その受けとめは，相手の言い分を理解できるとか，受け入れてそのとおりに実施するといったことを必ずしも意味しない。それ以前に，そう言わざるを得ない状況や心持ちを「わかる」と伝えるのである。それも，こちら側の心が共鳴して思わずふるえてしまう，といった感覚を伝えていく。

さらに話を聞いていくなかで，相手の言わんとするところの背景や文脈に立ち入っていき，そこでのいわばもつれ具合を見直していく。その作業が対話において行なわれることが相手の言わんとするところの整理にもなり，こちらが理解するとともに，相手の側自身が自分を見直す契機にもなる。

2——日常の談話のなかで見いだすこと

ふだんの保育の場でのちょっとしたおしゃべりややりとりも，保育相談そのものではないが，それにつながるものとなる。園に送りに来たときの子どもと保護者のようすはどうなのか。そういった折の保護者との立ち話で具体的には

わからなくても，何か調子が悪そうだとか，家庭でもめごとがあるのではないかといったことの見当がつくことがある。

保育での子どものようすが元気なのか，荒れていないかなども当然，目に入るだろう。その時どきにその子どもたちに対応していくので，そういった否定的な行動や表情は収まるかもしれない。だが，時にはそれが何日も続くことがある。そういったことなども念頭において，保護者とやりとりすることもあるだろう。

問題を見つけて，保護者に対処するよう要請するということではなく，ともになって，子どものためにどうしていったらよいかを考えるという姿勢をとっていく。保護者を園に呼びつけて，どうにかするようにとお願いしたり，まして「お説教」しても仕方がない。保護者としては簡単に直せることはあまりないし，まして園での子どものようすにまで責任をもてない。むしろ，子どもの困難があるなら，それをめぐって，よい対応の仕方をいっしょになって探していくのである。

3――子どもや活動のようすを記録し，ふり返る

あらためて本格的に特定の子どもの抱えていそうな問題について考えて，対応策を練ろうとなったら，とくに子どもの保育のなかでのようすについて詳細に記録をとると役立つ。とくに，どういう場合に問題行動や問題があると感じられる表情をするのか。その前後の文脈はどんなものか。相手との関係はどうであったのか。その時の保育者の対応は何であったか。さらに，だいぶ以前からの変化のあり方もチェックしていく。たとえば，入園以来，どう変化してきていたか，変わらない点は何か。

日ごろの記録をふり返ってもよいだろうし，そのために記録をとってみることもできる。その子どもをめぐって，同僚どうしで話し合い，1人ではみられないようすを含めて，その子どもの全体像を浮かび上がらせる。

すぐに対応策を考えるより，子どもの成長のようすを見取りながら，日々どのようにして過ごしているかの詳細を明らかにするとよい。実際，ていねいにみると，始終問題を起こしているわけではなく，うまくまわりといっしょに活動できていたり，保育者の指示に従ったり，その場の雰囲気を読み取って行動

したりする場合も見いだされるだろう。それは指導のための有益なヒントとなる。

4 ── 精神病理や発達障害について学ぶ

専門的な勉強も不可欠である。保護者については、うつ病そのほかの精神的な病理がみられることがある。子どもについては発達障害の知識が必要である。

4節 保育者を支える支援と連携

保育者はしばしばむずかしい問題にぶつかる。そこへの対処がさらに成長を可能にするよい契機となる。そのためにも支援や連携の体制が大事になる。

1 ── 同僚性が核となる

すでに述べたように、保育にかかわって問題が起きたときに、保育者個人が単独で対応するのではなく、同僚と相談しつつ、ともになって問題を考え、対応のための手立てをうつことが基本原則である。

2 ── 地域の専門機関とつなぐ

問題の根が深いとかこじれているとか、家庭の問題が深刻であるという場合には、地域の専門機関につなぎ、そこでの対応を進めるようにしていく。保育者ができることはあくまで保育ないしその延長線でのことである。それを大幅に超えそうなことは地域の専門機関を利用していくべきである。日ごろから、そういったつながりの関係をつくっておくとよい。

3 ── 巡回相談などを活用する

今や、とくに発達障害などの問題については、その地域ごとに専門的な相談機関や園に対しても巡回相談のような形で専門家が指導・助言に来ることが増えてきた。そういった専門家に任せきりにするというより、協力しながら、園でできることについて助言を受け、また工夫していくのである。

4 ── 初動また幅広の専門性と深く狭い専門性を身につける

　保育の専門家としての保育者は幅広の専門性をもつものである。保育で起こるほとんどのことについて，専門性を発揮した対応が工夫できる。とはいえ，たとえば，発達障害の問題について最近の研究知見をふまえつつ，実践的に対応するのはその専門家がふさわしい。専門家にゆだねるべきかどうかの初動での判断と，結果としてどうなっているかのようすを聞いて，保育に返していくことが保育者側の仕事となる。

第12章 保育者の成長と研修のあり方

演習12　保育者の成長と学びについて考えよう

　演習としては，保育所の保育士がどんなやりがいをもって保育の仕事をしているか，またそこで出合う困難とはどんなことかを実地に即して調べてみて，今の勉学の参考にするようにしてほしい。保育の仕事は喜びに満ちていると同時に，さまざまなむずかしさもまたある。初心であるなら，当然，馴れるだけでもたいへんであるが，一人前であると見なされるくらいになっても，やはり苦労はあり，時にめげてしまうこともあるだろう。そのことを調べることにより，保育の仕事をいわばより立体的に眺めることができるようになる。保育というものが子どもを相手にいろいろな活動を進め，また遊びを指導することには違いないが，それとともに数多くの業務が並行している。そういった仕事の特質を理解することは，将来現場にでて本格的に仕事を開始するときの覚悟ができるという意味で有用だ。だがそれ以上に，そのいわば裏舞台の作業こそが子どもを相手にする保育の質を高めていくことになるのだとわかってほしい。そういった保育者の専門性向上の努力に焦点をあてつつ，保育の仕事の内実を調べてみよう。

> 1．先輩に尋ねる，ベテランに尋ねる。
> 　2人ほどの保育者を捜して，インタビューをしてみよう。その際，以下のようなことを意識して行なってみよう。

　まず，できれば1人は就職して2年目から5年目くらいの比較的若手の人，保育所で働いている先輩など。もう1人は10年以上のベテラン保育者を探してみる。大学の指導教員をとおして依頼することが可能である。学生側は2人ないし3人くらいで伺うのがよい。質問する人とメモをとる人が分担するとやりやすい。前もって，おもな質問項目をつくっておく。たとえば，保育において感じる喜びや苦労，今担任しているクラスのようす。クラスの指導で大事にしていること。指導上，むずかしいお子さんの事例とその対応のくふう。どんな人と相談し，助言を受けることがあるか。保護者との対応でくふうしているこ

とや苦労していること。また地域の専門家等との連携。園内・園外の研修について，等々である。なお，インタビューは録音をしてもよいが，許可を得ること。必要がなくなったら，それは消去する。記録は，担当の学生と指導教員以外に公開しないこと等を約束し，実行する必要がある。また分析した結果はレポートにまとめ，それを必ず相手にフィードバックする。

2. 地域の連携可能な機関・専門家のリストをつくる。

近隣の保育所に伺い，子どもや保護者の問題で地域のどんな機関・組織や専門家と連絡をとるものかをたずねる。保育がどれほど地域に根づいているものか，また多くの専門家や機関から支援を受けているかがわかるだろう。

研修と専門性のあり方について考える際に役立つサイト

○厚生労働省 「保育所における自己評価ガイドライン」 http://www.mhlw.go.jp/bunya/kodomo/pdf/hoiku01_0001.pdf

保育所において組織としてまた個々の保育者がみずからの保育を改善・向上させるしくみについて提案している。

保育者の専門性について学ぶことができる本

○S・フィーニィ，D・クリステンセン，E・モラヴィック（著） Who am I 研究会（訳）『保育学入門』 ミネルヴァ書房 2010年

その第1章が保育者の専門性を解説している。

保育者の専門性の向上や子育て支援について学ぶことができる本

○藤崎真知代・本郷一夫・金田利子・無藤 隆 （編） 『育児・保育現場での発達とその支援』 ミネルヴァ書房 2002年

保育者・保護者などに対して「臨床発達心理士」などの専門家がいかに支援するかを解説しているが，本章の議論と重なるところがかなりある。保育者自身の専門性の向上のあり方や子育て支援をめぐっての保育者のはたらきにふれている。

引用(参考)文献

■1章

網野武博 2009 保護者支援 無藤隆・柴崎正行編 別冊発達29 新幼稚園教育要領・新保育所保育指針のすべて ミネルヴァ書房

福丸由佳 2008 父母子関係とソーシャルサポート.無藤隆・安藤智子編 子育て支援の心理学 有斐閣コンパクト Pp.37-53.

橋本真紀 2008 保育指導の三つの段階 柏女霊峰・橋本真紀 保育者の保護者支援―保育指導の原理と技術 フレーベル館

金戸清高・犬童れい子 2010 「家族支援」と保育相談支援―「保育所保育指針」及び保育士養成課程の改正を受けて 九州ルーテル学院大学紀要, 40, 9-23.

柏女霊峰・橋本真紀 2009 保育実践と社会福祉援助技術 柏女霊峰・伊東嘉余子編著 社会福祉援助技術 保育者としての家族支援 樹村房

厚生労働省 2008 保育所保育指針解説書 フレーベル館

中釜洋子 2008 家族システム論 中釜洋子・野末武義・布柴靖枝・無藤清子著 家族心理学 家族システムの発達と臨床的援助 金子書房 Pp.3-17.

中島寿子 2010 子育て支援と保育カウンセリングの基礎―発達の理解と保育の課題 岸井勇雄・無藤隆・柴崎正行監修 無藤隆編著

塩崎尚美 2009 保育所-コンサルテーション活動を通して見えてきたこと 特集 子ども虐待の現状と支援 発達, 117(30), ミネルヴァ書房 Pp.32-39.

■2章

青木紀久代(監修) 2009 保育園を利用するメンタルヘルスが気がかりな保護者に関する調査研究報告書 社会福祉法人東京都社会福祉協議会

Belsky, J. 1984 The Determinants of Parenting: A Process Model. *Child Development*, 55: 83-96.

ベネッセ次世代育成研究所 2010 第4回幼児の生活アンケート報告書―乳幼児をもつ保護者を対象に

ベネッセ教育研究開発センター 2006 幼児の生活アンケート報告書東アジア5都市調査―幼児をもつ保護者を対象に

Bowlby, J. 1976 *Attachment and Loss, Vol. 1 .Attachment*, London: The Hogarth Press. 黒田実郎他(訳) 母子関係の理論 I 愛着行動 岩崎学術出版社 (Original Work published, 1969)

石井クンツ昌子 2009 父親の役割と子育て参加―その現状と規定要因,家族への影響について 季刊家庭経済研究, 81, 16-23.

柏女霊峰 2003 子育て支援と保育者の役割 フレーベル館

国立女性教育会館 2006 平成16年度・17年度 家庭教育に関する国際比較調査報告書

牧野カツコ 1982 乳幼児をもつ母親の生活と育児不安 家庭教育研究所紀要, 3, 34-56.

牧野カツコ 1983 働く母親と育児不安 家庭教育研究所紀要, 4, 67-76.

牧野カツコ 1992 子育て―Child rearing, Parenting 家族関係学, 11, 29-37.

牧野カツコ 1999 育児不安 中野由美子・土谷みち子(編) 21世紀の親子支援―保育者へのメッセージ ブレーン出版 Pp.110-111.

松木洋人 2007 子育てを支援することのジレンマとその回避法―支援提供者の活動における「限定性」をめぐって 家族社会学研究, 19(1), 18-29.

無藤隆 2007 乳幼児および学童における子育て支援の実態と有効性に関する研究 平成14年度~18年度研究成果報告書

恒吉僚子 2008 子どもたちの三つの「危機」―国際比較から見る日本の模索 勁草書房

渡辺秀樹 1999 変容する家族と子ども―家族は子どもにとっての資源か 教育出版

■3章

厚生労働省(編) 2008 保育所保育指針解説書 フレーベル館

師岡章 2010 保育と保護者の"いい関係"―保護者支援と連携・協力のポイント 新読書社

村田保太郎 2001 保育の根っこにこだわろう PART 6―保育園の新しい役割に対応する実践 全国社会福祉協議会

引用(参考)文献

文部科学省　2008　幼稚園教育要領

■4章
秋田喜代美（編）　2007　新時代の保育双書　今に生きる保育者論　（株）みらい　p.99.
保育士養成講座編纂委員会（編）　2002　教育原理　全国社会福祉協議会　p.30.
金田利子（編著）　2000　「保育の質」の探求―「保育者‐子ども関係」を基軸として　ミネルヴァ書房　p.25, p.161.
厚生労働省　2008　保育所保育指針　Pp.123-124.
文部科学省　2008　幼稚園教育要領　Pp.22-23.
文部省（編）　1999　幼稚園教育要領解説　p.180.
森上史朗・野村睦子・高杉自子・柴崎正行　1991　幼稚園教育と評価　ひかりのくに
文部省幼稚園課内幼稚園教育研究会　1997　幼児一人一人のよさと可能性を求めて　東洋館出版社
無藤隆他（編）　2006　保育の実践・原理・内容　ミネルヴァ書房　Pp.165-196.
小田豊・森眞理（編）　2004　教育原理　北大路書房　Pp.148-157.
諏訪きぬ（編）　2002　現代保育学入門　フレーベル館　p.105.

■5章
浜谷直人（編）　2009　発達障害児・気になる子の巡回相談　すべての子が「参加」する保育へ　ミネルヴァ書房
浜谷直人　2010　巡回相談によって保育・教育（園・学校）のインクルージョンを実現する連携　発達, 124(31). ミネルヴァ書房　35-42.
厚生労働省　2008　保育所保育指針
石隈利紀　1999　学校心理学　教師・スクールカウンセラー・保護者のチームによる心理教育的援助サービス　誠信書房
勝浦範子　2002　育児現場での実際　藤﨑眞知代・本郷一夫・金田利子・無藤隆（編著）　シリーズ／臨床発達心理学⑤　育児・保育現場での発達とその支援　ミネルヴァ書房　Pp.96-112
近藤直子・白石恵理子・張貞京・藤野友紀・松原巨子　2001　自治体における障害乳幼児政策の実態　障害者問題研究　29(2), 96-123.
隠村美子・秦野悦子　2005　保育園巡回相談の現状とその直面している課題（1）―東京都・神奈川県における実施の現状　日本小児保健学会講演集, 53. 108-109.
佐々木晃　2009　発達や学びの連続性を踏まえた幼稚園教育の充実―幼小連携の実践の見直し　無藤隆・柴崎正行（編）　別冊発達, 29. ミネルヴァ書房　184-189.
園山繁樹・由岐中佳代子　2000　保育所における障害児保育の実施状況と支援体制―東京都の特別区を対象に　西南女学院大学紀要, 14. 30-39.
鳶岡雄二・林安紀子・橋本創一・菅野敦・伊藤良子　1999　発達障害児へのコンサルテーションの現状と展望　特殊教育施設研究年報, 99-106.
東京発達相談研究会・浜谷直人（編）　2002　保育を支援する発達臨床コンサルテーション　ミネルヴァ書房
山本和郎　1986　コミュニティ心理学　地域臨床の理論と実践　東京大学出版会

■6章
中田洋二郎　2002　子どもの障害をどう受容するか―家族支援と援助者の役割　大月書店
Drotar, D., Baskiewicz, A. Irvin, N., Kennell, J.H. & Klaus, M.H. 1975 The adaptation of parents to the birth of an infant with a con-genital malformation: A hypothetical model. Pediatrics, 56(5), 710-717.

■7章
厚生労働省　2008　子ども虐待対応の手引きの改正について
　　http://www.mhlw.go.jp/bunya/kodomo/dv12/01.html
日本弁護士連合会子どもの権利委員会（編）　2008　子どもの虐待防止・法的実務マニュアル第4版　明石書店

社会福祉法人　恩寵財団母子愛育会．日本子ども家庭総合研究所（編）　2010　日本子ども資料年鑑2010　KTC中央出版　Pp.26-27.
養護教諭のための児童虐待対応の手引作成委員会（編）　2008　養護教諭のための児童虐待対応の手引　文部科学省　Pp.22

■8章■
安藤智子・岩藤裕美・丹羽さがの・荒牧美佐子・砂上史子・堀越紀香・無藤隆　2007　乳幼児および学童における子育て支援の実態と有効性に関する研究　無藤隆（編）　第1章　幼稚園における子育て支援の調査報告　第8節　Pp.78-85．（平成14年度～平成18年度科学研究費補助金研究成果報告）
長谷中崇志　2009　地域を基盤としたソーシャルワーク実践を展開できる保育士養成プログラムの開発―地域社会との協働による学生参加型子育て支援の推進―　名古屋柳城短期大学研究紀要，31，145-151．
保育白書　2009　全国保育団体連絡会・保育研究所（編）　ひとなる書房
石井章仁　2005　保育士養成校における子育て支援の専門性を培うための体験的な学習について―おひさま広場の活動を通して　保育士養成研究．23．21-30．
石塚広美・並木真理子・杉本信　2009　子育て支援事業における学生参加の意義―「親子サロン」での「母と子の活動」への支援を通して　乳幼児教育学研究．18．51-62．
柏木恵子・森下久美子　1997　子育て広場武蔵野市立0123吉祥寺―地域子育て支援への挑戦　ミネルヴァ書房
子ども子育て新システム検討会議　2010　子ども子育て新システム検討会議作業グループ幼保一体化ワーキングチーム（第1回）　基礎資料　幼児教育・保育等を巡る現状（データ編）（2010年10月14日）
厚生労働省　2009　保育に関する取り組み事例集～より利用しやすい保育を目指して～
子育て支援者コンピテンシー研究会　2009　育つ・つながる子育て支援　チャイルド本社
馬見塚珠生・竹之下典祥　2010　学生の地域子育て支援ひろばへの参加による心理的変化とひろば自体の変化に関する考察（その2）　京都文教短期大学紀要．49．
文部科学省　2009　幼稚園における子育て支援活動及び預かり保育事例集
中村敬　2008　地域における子育て支援サービスの有効活用に関する研究　平成19年度児童関連サービス調査研究等事業報告書　財団法人こども未来財団
中村敬　2010　子育て支援に求めるもの―小児科医の立場から　子育て支援と心理臨床 Vol.1　福村出版　Pp.24-29．
小川未佳　2010　江東区東陽子ども家庭支援センター「みずべ」　子育て支援と心理臨床 Vol.1　福村出版　p.114．
立石陽子・安藤智子・岩藤裕美・金丸智美・丹羽さがの・荒牧美佐子・砂上史子・堀越紀香・無藤隆　2007　乳幼児および学童における子育て支援の実態と有効性に関する研究　無藤隆（編）　第1章　幼稚園における子育て支援の調査報告　第5節　Pp. 37-52．（平成14年度～平成18年度科学研究費補助金研究成果報告）
東陽子ども家庭支援センター　2009　江東区東陽子ども家庭支援センター2009年度事業活動報告書
渡辺英則　2009　別冊発達29　新幼稚園教育要領　新保所保育士指針のすべて　無藤隆・柴崎正行（編）　子育て支援・預かり保育　ミネルヴァ書房　Pp. 87-95．
山形明子・塚崎京子・無藤隆　2007　乳幼児および学童における子育て支援の実態と有効性に関する研究　無藤隆（編）　第11章 子ども家庭支援センターにおける広場の機能と広場利用の効果　Pp.263-282．（平成14年度～平成18年度科学研究費補助金研究成果報告）
㈶こども未来財団　子育て支援者のための子育て支援の基本　2009
㈶こども未来財団　地域子育て支援拠点事業における活動の指標「ガイドライン」　2010

■9章■
愛知県　2003　家族再生のための地域型家族支援マニュアル第1章
　　http://www.pref.aichi.jp/owari-fukushi/jiso/annai/manyu/chiiki/manyu_chiiki_indx.html
喜多祐荘・小林理（編）　2005　よくわかるファミリーソーシャルワーク　ミネルヴァ書房
厚生労働省雇用均等・児童家庭局　2009　児童養護施設入所児童等調査結果（平成20年2月1日現在）http://www.foster-family.jp/data-room/stock-file/200907koroshokoro-nyushojido-chosa-H2002
松原康雄（編）　1999　母子生活支援施設―ファミリーサポートの拠点　エイデル研究所
村瀬嘉代子・佐戸敦子　2002　子どもの父母・家族像と精神保健―般児童の家族像の10年間の推移並びにさまざ

引用(参考)文献

まな臨床群の家族像との比較検討．日本教材文化研究財団研究紀要．32．73-80．
中野敏子・田澤あけみ・金子隆・中畝常雄・岩崎賢江・瀧澤久美子・土橋とも子・成田すみれ　1998　利用者主体の家族援助―障害児と家族の暮らしを考える　大揚社
中田洋二郎　2002　子どもの障害をどう受容するか―家族支援と援助者の役割　大月書店
芹沢俊介　2008　もういちど親子になりたい　主婦の友社
須藤八千代　2007　〈増補〉母子寮と母子生活支援施設のあいだ―女性と子どもを支援するソーシャルワーク実践　赤石書房
杉山登志郎　2007　子ども虐待という第四の発達障害　学習研究社
社会福祉法人東京都社会福祉協議会母子福祉部会（編）　2009　東京の母子生活支援施設の現状と課題―平成20年度東京の母子生活支援施設実態調査報告書　社会福祉法人東京都社会福祉協議会
社会保障審議会児童部会　2008　子ども虐待による死亡事例等の検証結果等について（概要）http://www.wam.go.jp/wamappl/bb16GS70.nsf/ 0 /07322931
cbf 3 ab 4 d4925741d00178f33/$FILE/20080331_4 gaiyou.pdf
千葉県社会福祉審議会・児童福祉専門分科会社会的養護検討部会・家族関係支援調整プログラム調査研究委員会　2008　家族関係支援の手引き　http=www.pref.chiba.lg.jp-syozoku-c_jika-gyakutai-kazokusien.pdf
財団法人資生堂社会福祉事業団　2008　ファミリーソーシャルワークと児童福祉の未来―子ども家庭援助と児童福祉の展望　中央法規
全国児童養護施設協議会　2008　この子を受けとめて，育むために―育てる・育ちあういとなみ　児童養護における養育のあり方に関する特別委員会報告書　社会福祉法人全国社会福祉協議会全国児童養護施設協議会

■10章

安藤智子，荒牧美佐子，岩藤裕美，丹羽さがの，砂上史子，掘越紀香　2008　幼稚園児の母親の育児感情と抑うつ：子育て支援利用との関係　保育学研究．46（2），235-244．
Hoffman, K., Marvin, R., Cooper, G. & Powell, B. 2006 Changing Toddlers' and Preschoolers' Attachment Classifications: The Circle of Security Intervention. *Journal of Consulting and Clinical Psychology*. Vol. 74(6) 1017-1026.
Insoo Kim Berg 1994 *Family Based Services: A Solution Focused Approach*, W.W. Norton & Company. インスー・キム・バーグ　磯谷希久子（監訳）1997　家族支援ハンドブック　金剛出版
柏女霊峰・橋本真紀（編）　2010　保育者の保護者支援―保育相談支援の原理と技術　フレーベル館
柏女霊峰・伊藤嘉余子（編）　2009　社会福祉援助技術―保育者としての家族支援　樹村房
平木典子・袰岩秀章（編）　2001　カウンセリングの技法　北樹出版
Whitham, C. 1991 *Win the Whining War & Other Skirmishes: A Family Peace Plan*, Perspective Publishing　上林靖子・中田洋二郎・藤井和子・井潤知美・北道子（訳）2002　読んで学べるADHDのペアレント・トレーニング　明石出版

■11章

足立智昭　2008　家庭・保護者のアセスメント　本郷一夫（編）子どもの理解と支援のための発達アセスメント　有斐閣　Pp.113-145.
浜谷直人　2008　巡回相談　下山晴彦・松澤広和（編）実践　心理アセスメント―職域別・発達段階別・問題別でわかる援助につながるアセスメント　日本評論社　Pp.38-45.
久保美紀　2006　エコマップにおける人と環境の関係の質を読み解く試み―エコマップ評価枠組みとその事例への適用　ソーシャルワーク研究．32（3），230-237．
冨田久枝・杉原一昭（編）　2007　保育カウンセリングへの招待　北大路書房

索 引

●あ
愛着対象　24
愛着理論　24
預かり保育　96
アセスメント　13, 133, 134

●い
育児参加　21
育児の社会化　17
育児不安　20
一時預かり　96
一時預かり事業　96
一時保育機能　96
一時保育推進事業　96
インターネットサイト　152

●う
運動感覚　67

●え
ADHD　108
エコマップ　137

●か
外傷後ストレス障害（PTSD）　109
核家族　7
学習障害　65
家族再統合　112
家族支援　6, 111
家族支援専門相談員（ファミリーソーシャルワーカー：FSW）　111
家族の多様化　7
家庭内暴力　79
　→ドメスティック・バイオレンス
カンファレンス　141, 142

●き
虐待　77
虐待防止ネットワーク　12
教育相談　59
共感　152, 154
協働（コラボレーション）　13, 58
緊急性　138

●け
ケア・ワーク　5
傾聴　154
軽度発達障害　65
　→発達障害
言語聴覚士　60
研修　147

●こ
高学歴化　6
高機能自閉症　65
合計特殊出生率　6
広汎性発達障害　108
孤育て　8
子育て支援　3, 18, 93, 151
子育て支援サークル　48
子育て支援事業　97
子育て支援情報紙　48
子育て相談　44
子育てひろば　98, 99
子ども家庭支援センター　59, 83, 84, 98
子どもの権利条約　97
子どもの最善の利益　114
コペアレンティング　21, 22, 25
個別の支援計画　69
個別の指導計画　69
コンサルタント　54

索 引

コンサルティ 54
コンサルテーション 53, 54
コンピテンシー 101
コンピテンシー・リスト 101

●さ
作業療法士 60

●し
支援計画 138
支援継続 144
施設開放 95
施設設備の開放 49
施設内虐待 109
自尊感情 101, 128
自尊心 69, 127
肢体不自由児施設 106
児童家庭支援センター 105
児童虐待の防止等に関する法律（児童虐待防止法） 79, 81
指導計画 148
児童厚生施設 105
児童自立支援施設 106
児童相談所 83, 86
児童福祉施設 105
児童福祉法 5, 105
児童福祉法改正 12
児童養護施設 105
社会的資源 137
社会的養護 105, 106, 111
就学支援 74
就学支援シート 74
就学相談 59
重症心身障害児施設 106
巡回相談 54
障害受容 72
少子化 6
情緒障害 106

情緒障害児短期治療施設 106
ショートステイ 86
助言 154
助産施設 105
自立支援 113
身体感覚 67
身体的虐待 78
心理的虐待 78, 79, 80

●す
スーパービジョン 138
杉山登志郎 109
スキンシップ 32

●せ
精神病理 156
性的虐待 78, 80
性別役割分業 18
世代間連鎖 77
専門機関 58
専門性 154

●そ
相談ニーズ 55
ソーシャルワーク 5, 122

●た
体験保育 49
対人援助 9

●ち
地域子育て支援拠点 98
地域子育て支援拠点事業 97
地域子育て支援センター事業 97
父親 24
父親役割 23
知的障害 108
知的障害児施設 105, 106

165

知的障害児通園施設　106
注意欠陥多動性障害　65
　→ ADHD
長時間労働　8

●つ
通園施設　70
通告　83
つどいの広場事業　97

●て
TEACCH研究会　76
定型発達　65

●と
トイレットトレーニング　48
統合保育　70
同僚　152
同僚性　156
特別支援教育　69
ドメスティック・バイオレンス（DV）　79
共働き率　6

●な
内縁関係　79

●に
二次障害　67, 68
乳児院　105
乳幼児家庭全戸訪問事業　97

●ね
ネグレクト　78, 79, 80
年間指導計画　150

●の
ノーマライゼーション　71

●は
発達障害　66
発達の個人差　32
パニック　68
晩婚化　6

●ひ
PTSD　109
　→外傷後ストレス障害
PDCA（Plan-Do-Check-Assessment）　102
被虐待体験　109
非行　109
人見知り　30
ひとり親世帯　7

●ふ
夫婦関係　136

●へ
ペアレンティング　22
平均初婚年齢　6
ベルスキー（Belsky, J.）　22

●ほ
保育カウンセリング　5
保育観　153
保育環境　136
保育雑誌　153
保育所保育指針　3, 81
保育所保育指針解説書　29
保育相談　5, 133
保育相談支援　4
保育要録　61
ボウルビィ（Bowlby, J.）　24
保健所（保健センター）　58, 59, 60
母子生活支援施設　105

●み
民生委員　86

●も
盲ろうあ児施設　106

●や
薬物依存　106

●よ
養育支援家庭訪問事業　97
養成課程　147
幼稚園教育要領　3

●り
リスク　138

リソース　13
リファー　142
療育　114
療育機関　60, 74
両親学級　58
療養センター　59
臨床心理士　13, 50
臨床発達心理士　13

●れ
連携　6, 12, 53
連絡会議　142

●わ
ワーク・ライフ・バランス　11

執筆者一覧

■編集委員──民秋　言（白梅学園大学名誉教授）
　　　　　　小田　豊（聖徳大学）
　　　　　　杤尾　勲
　　　　　　無藤　隆（白梅学園大学）
■編　者──福丸由佳・安藤智子・無藤　隆

【執筆者】(執筆順)

福丸　由佳（編者）	第1章
加藤　邦子（宇都宮共和大学）	第2章
佐久間路子（白梅学園大学）	第3章
安見　克夫（東京成徳短期大学）	第4章
五十嵐元子（白梅学園大学）	第5章
市川奈緒子（白梅学園大学）	第6章
柳瀬　洋美（東京家政学院大学）	第7章
馬見塚珠生（親と子のこころのエンパワメント研究所）	第8章
岩藤　裕美（社会福祉法人山梨立正光生園）	第9章
安藤　智子（編者）	第10章
塩崎　尚美（日本女子大学）	第11章
無藤　隆（編者）	第12章

編者紹介

福丸由佳（ふくまる・ゆか）
 1968年 東京都に生まれる
 2001年 お茶の水女子大学大学院人間文化研究科博士後期課程修了．博士（人文科学）
     聖徳大学人文学部専任講師，シンシナティ子ども病院研究員を経て，
 現　在 白梅学園大学子ども学部教授
〈主　著〉乳幼児を持つ父母における仕事と家庭の多重役割　風間書房　2003年
    ジェンダーの心理学ハンドブック（共著）ナカニシヤ出版　2008年
    子育てを支える心理教育とは何か　現代のエスプリ493（共著）至文堂　2008年
    臨床心理学（新　保育ライブラリ）（共編著）北大路書房　2009年
    よくわかる心理学（共編著）ミネルヴァ書房　2009年

安藤智子（あんどう・さとこ）
 1965年 茨城県に生まれる
 1994年 お茶の水女子大学大学院人間文化研究科博士後期課程修了
 2007年 博士（人文科学）
 現　在 筑波大学大学院人間総合科学研究科准教授
〈主　著〉アタッチメント　生涯にわたっての絆（共著）ミネルヴァ書房　2005年
    保育の実践・原理・内容：写真で読みとく保育（共著）ミネルヴァ書房　2008年
    子育て支援の心理学（共編著）有斐閣　2008年
    実践に役立つ臨床心理学（共著）北樹出版　2008年
    妊娠期から産後1年における母親の抑うつに関する縦断的研究　風間書房　2009年

無藤　隆（むとう・たかし）
 1946年 東京都に生まれる
 1977年 東京大学教育学研究科博士課程中退
     お茶の水女子大学生活科学部教授を経て，
 現　在 白梅学園大学教授
〈主　著〉
    知的好奇心を育てる保育　フレーベル館　2001年
    学校のリ・デザイン　東洋館出版社　2001年
    現場と学問のふれあうところ　新曜社　2007年
    保育実践のフィールド心理学（新　保育ライブラリ）（共編者）北大路書房　2009年
    幼児教育の原則　ミネルヴァ書房　2009年
    むすんでみよう　子どもと自然（共編著）北大路書房　2010年

新 保育ライブラリ　保育の内容・方法を知る

保育相談支援

2011年3月23日　初版第1刷発行
2014年3月20日　初版第3刷発行

編著者　福丸由佳
　　　　安藤智子
　　　　無藤　隆
発行所　㈱北大路書房
〒603-8303　京都市北区紫野十二坊町12-8
電　話　(075) 431-0361代
FAX　(075) 431-9393
振　替　01050-4-2083

Ⓒ2011　　　　　　　　　印刷・製本／亜細亜印刷㈱
検印省略　落丁・乱丁本はお取り替えいたします。
　　　ISBN978-4-7628-2744-0　　Printed in Japan

・ JCOPY 〈㈳出版者著作権管理機構　委託出版物〉
本書の無断複写は著作権法上での例外を除き禁じられています。
複写される場合は，そのつど事前に，㈳出版者著作権管理機構
（電話 03-3513-6969,FAX 03-3513-6979,e-mail: info@jcopy.or.jp）
の許諾を得てください。